物理如此简单

力学篇

张君可　王超　宋艾晨　编著

清華大學出版社
北京

内 容 简 介

本书是一本适合全学段中学生进行严肃阅读的物理学科普读物。全书以生活中“简单的直线运动”开篇，引领你科学评判龟兔赛跑这一经典问题；以“无处不在的力”引领你认识一个真实的、充满相互作用的世界。在书中遨游，你会理解“坐地日行八万里”的真谛，你会参透足球运动员一脚踢出的“香蕉球”中蕴藏的空气动力学原理。本书引领你的研究从直线运动到生活中形形色色的曲线运动；引领你的思绪从地面延伸到浩瀚的宇宙星空。宇宙的中心在哪里？跑多快可以溜出太阳系？我们为什么要去火星？你所关注的这些科学问题，都会在阅读本书的过程中得到一些有意义的启示。

本书针对中学低年级、中年级、高年级三个学段学生的阅读特点与需求，立足于中学必备物理知识，内化科学思维方法，重点培养和提升学生的物理学科素养，提高学生解决问题的能力，开阔学生的物理视野，促进学生科学思维水平的实质发展。

图书在版编目（CIP）数据

物理如此简单．力学篇 / 张君可，王超，宋艾晨编著．—北京：清华大学出版社，2023.5（2025.2重印）

ISBN 978-7-302-63444-7

Ⅰ.①物… Ⅱ.①张… ②王… ③宋… Ⅲ.①中学物理课—教学参考资料 Ⅳ.① G634.73

中国国家版本馆 CIP 数据核字（2023）第 082874 号

责任编辑：杜春杰
封面设计：刘 超
版式设计：楠竹文化
责任校对：马军令
责任印制：丛怀宇

出版发行：清华大学出版社
网　　址：https://www.tup.com.cn，https://www.wqxuetang.com
地　　址：北京清华大学学研大厦 A 座　　**邮　　编：**100084
社 总 机：010-83470000　　**邮　　购：**010-62786544
投稿与读者服务：010-62776969，c-service@tup. tsinghua. edu. cn
质量反馈：010-62772015，zhiliang@tup. tsinghua. edu. cn
印 装 者：涿州市般润文化传播有限公司
经　　销：全国新华书店
开　　本：170mm×230mm　　**印　　张：**12　　**字　　数：**202 千字
版　　次：2023 年 7 月第 1 版　　**印　　次：**2025 年 2 月第 5 次印刷
定　　价：59.80 元

产品编号：098696-01

前 言

物理真的很难吗？其实物理可以很简单！物理学家坚信“自然的法则尽管无所不包，条例却很少”。物理学家坚信“物理世界是简单的，是可以被理解的”。如果你也能像物理学家一样思考，你会悟到：物理如此简单！

作为物理教师，我们经常会遇到学生恐惧学习物理的情况，甚至他们在还没有接触物理时就对这门学科的学习毫无信心。究其原因，很重要的一点是，当前的物理教学和学生的物理学习远远脱离了物理学科的本真。物理是自然科学领域的一门基础学科，作为自然科学的带头学科，物理学研究大至宇宙、小至基本粒子等一切物质最基本的运动形式和规律，因此成为其他各自然科学学科研究的基础。它是教人认识自然和理性思考的。庄子云：“判天地之美，析万物之理。”这大概就是物理学和物理教育的真谛。

现在中学生对物理学科的学习大多沉浸于解题，知识的获得局限于有限的教材和门类繁多的教辅，使提高物理思维、形成物理观念、提升物理学科素养有很大的困难。这也导致一些中学生对物理形成了刻板印象，认为物理很枯燥，难学，并没有感受到物理是对自然的描述，物理是最具简洁美的科学。生活中处处有物理，学习物理不仅仅是为了解题，更是为了解决实际问题；学习物理不仅仅是为了学习已知，更是为了探究和发现未知！

为避免科普宽泛、缺少物理知识内化的问题，我们紧扣中学物理知识点，强化科学拓展与思维发散，编写了系列图书。本系列图书分为三册，第一册《物理如此简单：力学篇》主要阐述生活中涉及的运动和力、功和能、动量、振动和波动等力学现象蕴藏的原理及应用；第二册《物理如此简单：电磁学篇》主要阐述与日常生活、生产和科技发展息息相关的电场、磁场、电磁波、直流电路和交流电路等；第三册《物理如此简单：近现代物理篇》主要阐述热学、光学和量子物理基础等。

你手中这本有关物理学的书是严肃的，其中的每一个概念、思想、方法都是很多科学家经过细致严谨的实践研究获得的。作为编写者的我们并不是这些问题的发现者，我们能承诺的是书中的每一个知识点都有更为专业的物理学研究作为保障。在编写过程中，为降低初、高中不同年龄段学生的阅读门槛，我们减少大量数学公式的堆砌，力求用有意思的语言、生动的例子甚至是比喻来更好地阐述。

为了让处于中学阶段的学生能够从更多角度认识物理学，本书以初、高中物理知识为主线，以内化物理原理、学习物理方法、培养科学思维为目标，充分考虑初、高中学生的思维特点，设置了多个板块分散到全书各个章节。

● “生活物理”从生活中的具体实例提出问题，激发学生思考。

● “科学实验”利用生活中的实验器材进行实验，用所学物理知识进行解释和分析，将物理与生活紧密联系起来，让学生体会生活中处处是物理。

● “科学探索”引领学生像科学家一样思考，用科学的思维和方法探索未知。

● “原来如此”对“生活物理”中的问题给予解答并概括性地提炼和总结，从方法、能力等维度点拨，提升学生的科学素养，让学生豁然开朗，体会物理如此简单和有趣。

● “思维拓展”对中学物理知识进行拓展补充，发散思维。主要从物理知识的深化以及量化、最前沿科技成果及应用、物理学史的发展等方面开阔学生视野，让其站在高处看物理。

● “科学中国”将中学物理知识与中国物理学发展融合在一起，让学生充分认识中国的物理学成就，知道中国科学家在物理学的道路上付出的努力。

● “小试牛刀”给出生活中另外一些具有相同原理的案例，预留空间，鼓励学生进一步深入学习并应用上述原理大胆尝试和实践。

物理可开发想象力，
你的想象力有多强，
你的物理世界就有多大。
物理可开阔思维方式，
你的思维方式有多独特，
你就有多少种看待物理问题的视角。
物理如此简单，
又如此有趣，
请打开书开始阅读吧！

编　者
2023年5月

目 录

第 1 章

简单的直线运动

第 1 节　如何科学评判龟兔赛跑的胜负？

生活物理

有一天，在森林里兔子和乌龟在比赛跑步（见图 1-1）。

兔子嘲笑乌龟爬得慢，乌龟说："总有一天我会赢的。"兔子轻蔑地说："那我们现在就开始比赛吧！"乌龟答应了，双方准备好后，猴子大声喊道："比赛开始！"

图 1-1　乌龟与兔子的较量

兔子飞快地跑着，乌龟拼命地爬着。不一会儿，兔子就领先了很大一段距离。此时，起点的小动物们都认为兔子肯定赢了。兔子觉得比赛太轻松了，它要先睡一会儿，并且认为即使自己睡醒了再跑，乌龟也不一定能追上自己。而乌龟呢，它一刻不停地爬行，爬呀爬呀，到兔子那里的时候，它已经累得不行了，但乌龟想，如果这时和兔子一样去休息，那比赛就不会赢了，所以乌龟继续爬呀爬。当兔子醒来的时候，乌龟已经到达终点了。最终，作为裁判的大象宣布：“此次赛跑，乌龟获胜！”

小动物们不敢相信这个结果。起点处的猴子说：“刚出发时，乌龟爬了 1 m 的时候，兔子已经跑出去 5 m 了，兔子应该赢啊！”中间负责维持秩序的长颈鹿说：“兔子从我身边飞过，兜起了一阵小风；乌龟从我身边爬过的时候，它的每个动作、每个表情，我都看得很清楚。显然兔子的速度快啊！”

为什么猴子和长颈鹿预测的结果与终点处大象的判断不同呢？

科学实验

请找几位同学进行 800 m 赛跑，用镜头记录赛跑的全过程。请你为全过程进行解说。在解说过程中增强你对结果的判断。

原来如此

猴子、长颈鹿和大象发生分歧，我们该如何科学地比较出物体运动的快慢呢？不论在生活中还是在科学世界中，人们往往用“速度”一词描述物体运动的快慢。其实在物理学中，如果只是单纯地比较物体运动的快慢而忽略运动的方向，那么应该称之为比较“速率”。

应该如何理解速率呢？正如故事中位于起点处猴子的观点那样，乌龟和兔子在相同的时间内所经过的路程不同，谁走的路程远，则谁跑得快。但是生活中并不是所有物体都是同时出发的，我们还要更科学地定义。物理学中，把路程和时间的比值定义为速率，用公式表示为 $v=\frac{s}{t}$。当路程的单位是 m，时间的单位是 s 时，速率的单位就是 m/s，这也是国际单位制下的单位。如果一个物体的速率是 5 m/s，则表示这个物体 1 s 走过的路程是 5 m。当然，生活中我们也经常用到另一套常用单位，即路程的单位是 km，时间的单位是 h，速率的单位是 km/h。这样我们可以通过比较速率的大小来比较物体运动的快慢。

既然有统一标准，我们是不是可以直接用比较速率的方法来比较兔子和乌龟运动的快慢呢？其实，很多物体的运动速率不是一成不变的。比如说龟兔赛跑中的兔子，它的运动就是变速运动。对于变速运动的物体，我们需要考虑瞬时速率和平均速率。瞬时速率是指运动的物体在某一时刻（或某一位置）的速率。平均速率是指总路程和总时间的比值。从物理含义上看，瞬时速率指某一时刻附近极短时间内的平均速率。龟兔赛跑时，猴子和长颈鹿感受到在其位置处兔子和乌龟的瞬时速率不同，而裁判大象是根据到达终点的顺序判断输赢的，实际上比较的是平均速率。

科学中国

中国空军战斗机的发展见证了中国科技发展的速度。2016 年 11 月 1 日，中国新一代隐身战斗机歼-20（见图 1-2）在第十一届中国国际航空航天博览会上首次公开亮相。

图 1-2　中国歼 -20 战机

世界上第一架飞机于 20 世纪初在美国诞生，随着飞机的发明，人类正式踏入了空域。飞机在百年的发展中已经成为人类熟练掌握的一种高端科技。在第一次世界大战中，空战在战争中大放异彩，飞机的军事价值被发现，飞机的战斗机路线正式出现。战斗机在现代战争中是十分重要的武器，可以执行多种作战任务。发展到今天，最先进的战斗机应该是五代隐身战机。五代隐身战机的综合性能远远超过了其他四代传统战机，但是研制五代战机可不是那么容易的。

目前，世界上可以自主研制五代战机的国家只有三个，其中就包括中国。中国目前服役的隐身战机是歼-20，其拥有世界上领先的机动性，并且飞行速度也是中国所有战机中最快的。那么歼-20战机的航速有多快呢？从中国最北边飞到最南边又要多久呢？

歼-20在换装了国产发动机之后，其先进的气动外形优势可以更好地发挥，并且飞行速度也得到提高。目前官方公布的歼-20飞行速度大概是680 m/s，大概就是2马赫[①]的时速。这大概是多快呢？歼-20以最高航速飞行不到2.5小时就可以从中国大陆最北边飞到最南边。如果民航客机可以达到这个速度，中国的经济发展速度还会提高几个挡位，不过这个想法可能不太现实。

歼-20的高速度主要得益于换装的WS-10B发动机，不过是否能够实现大规模换装国产发动机还不得而知，但现在歼-20确实急需换装国产发动机，如果WS-20能够提前研制成功，那么直接换装WS-20是最好的选择。因为现在WS-10系列的使用寿命还比较短，虽然能够让歼-20达到2马赫的飞行速度，但是无法长期使用，歼-20的“心脏病”问题还是不能解决，那么就会影响歼-20的作战效应，从而在实战中暴露出问题。歼-20目前主要的对手是美国的F-22单座双发战斗机和F-35单座单发战斗机。随着周围F-35和F-22数量的增加，歼-20面临的压力越来越大，所以中国的歼-20必须尽快达到最好的状态，实现大规模服役，这样中国的军事压力才会减小。

歼-20虽然在一些方面有着不足，但其气动外形和航电系统都是非常优秀的，只要解决了发动机问题，那么综合性能超过F-22也不是不可能的。

随着中国空军实力的壮大，中国军队有能力对中国空域实施有效管控，根据不同空中威胁采取相应措施，保卫国家空防安全，在国际舆论场上保持一语中的的态势，把握国际话语权。

① 马赫是指飞行的速度与当时音速的比值。

小试牛刀

为配合 2022 年冬奥会顺利举办，北京到张家口的京张高铁全面通车。表 1-1 是北京清河站开往张家口站的某次列车时刻表。

表 1-1　某次列车时刻表

车站名称	到达	出发	停留
清河	—	8:25	—
八达岭长城	8:47	9:00	13 min
宣化北	9:29	9:31	2 min
张家口	9:41	—	—

已知清河站距八达岭长城站 45 km，八达岭长城站距宣化北站 96 km，宣化北站距张家口站 20 km。请计算该次列车全程的平均速率和宣化北站到张家口站的平均速率。已知复兴号列车的最高运行速率为 350 km/h，你能通过以上数据计算并判断出该次列车有没有发挥出最高时速吗？请尝试说出你的分析过程。

第 2 节 如何追上匀速前进的乌龟?

生活物理

在第 1 节中，我们一起回顾了龟兔赛跑的故事。有的同学提出了这样的疑问：如果兔子在乌龟到达终点之前醒来，并没有任何犹豫地快速追赶，是否有机会追上乌龟取得胜利呢（见图 1-3）？

图 1-3 龟兔赛跑追赶问题

科学实验

找一位男生和一位女生到 400 m 的操场。让女生在领先男生 100 m 的位置起跑，即男生跑 400 m，女生跑 300 m。男生能够追上女生吗？请加以尝试。如果追上了，请说明成功的秘诀；如果没追上，请分析原因。

其实，兔子要想取得胜利，就需要在乌龟爬到终点前的有限时间内到达终点，也就需要有更大的平均速率。兔子如何才能获得更大的平均速率呢？兔子的奔跑速率并不是无限增大的，在兔子到达最大速率前，一直在做加速运动，达到最大速率后做匀速运动。那我们就将物体的运动分成两部分进行分析吧。

首先，我们分析一下加速运动。既然是加速运动，我们更希望兔子的速率能够快速地增加。最简单的加速运动就是匀加速直线运动了。在匀加速直线运动中如何表示加速快慢呢？为了描述物体运动速度变化的快慢这一特征，引入了加速度的概念：加速度是速度的变化量与发生这一变化所用时间的比值，通常用 a 表示。比如，一门迫击炮射击时，炮弹在炮筒中的速度在 0.005 s 内就可以由 0 增加到 250 m/s，炮弹速度的变化与发生这个变化所用时间之比为 $5\times10^4\ \mathrm{m/s^2}$，这就是迫击炮的加速度。可见，加速度大的物体加速快，那么从静止开始加速的物体在加速过程中的平均速度也较大。其次，我们看一下达到最大速率后做匀速运动的过程。如果最大速率更大，那么平均速度也更大。

总之，更大的加速度和更高的最大速率是兔子反败为胜的法宝。

生物界神奇的加速度

生物界有很神奇的加速度，先做一个对比吧！

人类奔跑时，最快可以在 4 s 内从 0 加速到 40 km/h，加速度为 $2.8\ \mathrm{m/s^2}$。

性能优异的汽车，可以在 4 s 内从 0 加速到 100 km/h，加速度为 $6.9\ \mathrm{m/s^2}$。

航天飞机起飞时，可以在 4 s 内从 0 加速到 400 km/h，加速度为 $27.8\ \mathrm{m/s^2}$。

跳蚤跳跃时的加速度是航天飞机加速度的 70 倍，是重力加速度的 200 倍，约为 $2000\ \mathrm{m/s^2}$。

跳蚤跳跃的距离是自身体长的 200 倍，而且跳蚤能承受超过体重 200 倍的力量！那跳蚤是加速度最快的生物吗？不是！

水玉霉属真菌，其貌不扬，主要在粪便上生长。其附着在草上的孢子被食草动物食用后，会经历整个消化过程，然后随粪便排出体外。

水玉霉的成名在于它“发射”孢子的能力。它可以让孢子在几微秒内从静止状态快速运动，加速度相当于2万个标准重力加速度。而训练有素的战斗机飞行员最多只能在短时间内忍受9～10个标准重力加速度，因此不难想象水玉霉的加速能力有多么强大。

水玉霉有充分的理由使用这种方式发射孢子，因为对于它这个级别的生物而言，空气已经过于“稠密”，所以孢子会遇到大量摩擦，需要大的加速度以在短时间内获得较快的速度，运动得更远。水玉霉可以把孢子发射到2 m之外，距离粪便足够远，以便被其他食草动物进食，从而开始新的生命周期。

科学中国

中国高铁技术与航天技术

1. 高铁列车的加速度

众所周知，中国高速列车近几年来飞速发展，截至2021年年底，中国高速列车总里程突破4×10^4 km，占世界高速列车总里程的2/3以上。中国高速公路限速120 km/h，中国高速列车（图1-4所示为“复兴号”高速列车）的最高速度是250 km/h～350 km/h，其平均速度能达到300 km/h。高速列车出站后加速到300 km/h大约用时10 min，加速度大约是0.14 m/s^2。加速度很小，这主要是从运行平稳的角度考虑的。同样，高速列车在减速时的加速度也不能太大。如果一辆高速列车每站都停靠，那么在运行中会有非常多的缓慢加速和缓慢减速过程，虽然最高时速很大，但是平均速度很小，整体运行效果不会很

图1-4 “复兴号”高速列车

好。因此，高速列车在设计线路的时候，通常设计为同一条线路的不同列车停靠不同站位，大家在购票时也要关注列车中途停靠的车站数。

2. 加速度与中国航天

如图 1-5 所示，神舟七号发射前，三位宇航员已经就位。细心的同学可能会发现，三位宇航员是躺在飞船内的。火箭升空时宇航员为何要保持躺着的姿势呢？这是因为火箭升空时的加速度能达到 50 m/s^2，宇航员随火箭加速升空时，全身各器官、血液当然要共同加速。由于惯性，血液会更多地集中在身体靠近地面的部分，站姿、坐姿都会引起大脑供血不足。加速时，内脏也会受到拉扯。躺着的姿势对身体的保护性更好。

图 1-5　神舟七号发射前宇航员就位画面

是不是所有的航天器都具有很大的加速度呢？结合我们课上所学，较小的加速度也会有很明显的效果，只要加速时间足够长。

进行长距离宇宙航行的航天器（见图 1-6），由于受到多种因素的限制，不能添加过多燃料以维持航天器在宇宙空间的持续加速。那么能否在不消耗燃料的情况下使飞船持续加速呢？答案是肯定的。进入太空后，航天器会利用一种推力虽然很小，但是可以持续不断提供推力的方式进行加速，这就是利用阳光提供推力，这种航天器也就是我们所说的太阳帆飞船（见图 1-7）。

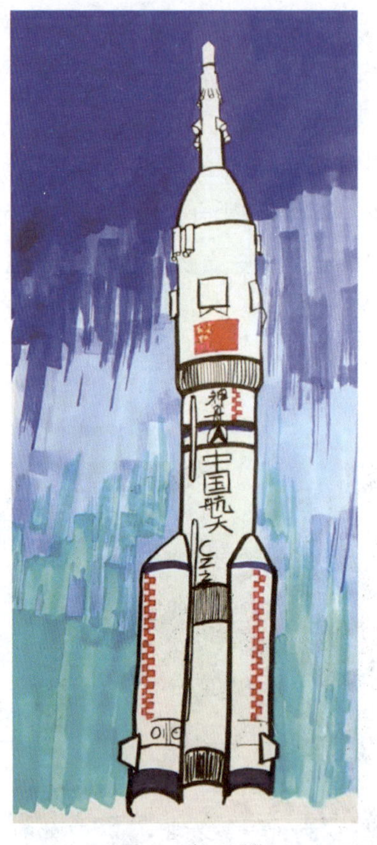

图 1-6　航天器

图 1-7　太阳帆飞船示意图

阳光产生的压力（光压）是非常小的。不仅人感受不到，就连用普通的仪器也测不出来。在地球附近，阳光照射到一个平整、光亮、能完全反射光的表面时，产生的压力最大，大约是 9×10^{-6} N/m^2。也就是说，1 km^2 平整、光亮的面积上才受到 9 N 的压力。

一块面积为 100 m^2 的太阳帆，在阳光正射下可获得大约 0.1 N 的推力，用它推动 100 kg 的物体，可产生 1 mm/s^2 的加速度。这个加速度极其微小，只有地面重力加速度的万分之一。但即使航天器的加速度只有 1 mm/s^2，一天以后，速度也能达到 86.4 m/s（311 km/h）。一个月后，达到约 2592 m/s（约 9331 km/h，约 7.6 倍音速）。130 天后，达到 11.23 km/s（已超过第二宇宙速度）。一年后，可达到 31.54 km/s，足以飞出太阳系。

小试牛刀

汽车在行驶过程中，在即将上坡时，应该加速还是减速？为什么？请结合受力分析和发动机功率限制进行分析。

第 3 节　用石头能测量比萨斜塔的高度吗？

生活物理

如果把质量不同的物体从相同的高度释放，物体落地时的速度一样吗？这样的运动在物理学中被称为自由落体运动。很久以前，科学家就对自由落体运动进行了研究。古希腊思想家亚里士多德（前 384～前 322 年）曾经断言：物体从高空落下的快慢与物体的重量成正比，重者下落快，轻者下落慢。比如，10 lb[①] 的物体落下时要比 1 lb 的物体落下快十倍。在此之后的 1800 多年，人们都把这个错误论断当作真理并信守不移。1589 年的一天，比萨大学 25 岁的青年数学讲师伽利略同他的辩论对手及许多人一道来到比萨斜塔。伽利略登上塔顶，将一个 100 lb 和一个 1 lb 的铁球同时抛下。在众目睽睽之下，两个铁球出人意料地同时落到地上，并且在空中任意时刻都处于同一高度。面对这个实验，在场观看的人个个目瞪口呆，不知所措。

这个被科学界誉为“比萨斜塔实验”的美谈佳话用事实证明，轻重不同的物体从同一高度坠落，它们将同时落地，而且高度越高，落地时间越长，从而推翻了亚里士多德的论断。这就是被伽利略所证明的，如今已为人们所认识的自由落体定律。

既然落地时间只与高度有关，那么用一块石头和一个秒表是否就可以测量比萨斜塔的高度呢？

将一块石头从你的头顶高度由静止释放，用秒表记录石头下落过程所用的时间。根据时间可以计算出你的身高吗？这样测量误差大吗？

① lb 为磅的单位符号，1 lb ≈ 0.45 kg。

物体下落的加速度与物体的重量无关，也与物体的质量无关。就比萨斜塔实验而言，大铁球与小铁球会同时落地。其实这很清楚，按牛顿的万有引力定律计算，大铁球（$m_{大}$）与地球M之间的引力（$F_{大}$）应大于小铁球（$m_{小}$）与地球M之间的引力（$F_{小}$），伽利略自由落体实验的结果显然不能体现这种引力差异。

对于同一个物体而言，受到的合力越大，则改变它的运动状态越容易，即加速度越大。而在相同的受力情况下，物体的质量越大，则改变它的运动状态越难，即加速度越小。大铁球在下落时，受到了较大的引力，但是自身的质量也较大，二者的效果刚好抵消。伽利略自由落体实验的结果其实是可以推算出来的。

结合匀变速直线运动的公式，可以得到物体自由下落高度$h=\frac{1}{2}gt^2$。通过测量物体下落时间，可以快速得到高度。特别说明一下，一定要让物体做自由落体运动，即物体只受重力作用，由高空自由下落。

逻辑的力量

落体运动是伽利略在《关于两门新科学的对话》一书中讨论的一个重要问题。亚里士多德认为越重的物体下落得越快，从羽毛和石块的下落来看，这似乎是对的，但其中空气的阻力起了重要的作用。现在我们可以轻而易举地在物理课堂上演示羽毛和铜钱在真空的玻璃管内同时下落，但亚里士多德认为真空是不可能存在的，即所谓“自然惧怕或者说厌恶真空”。在伽利略时代真空仍不能实现，但他意识到真空是否存在并不重要，重要的是理解落体运动时应当忽略空气的阻力。伽利略认为，忽略了空气阻力，所有的物体会以同样的速度下落。伽利略是这样进行推理的：依照亚里士多德的理论，假设有两块石头，重量大的石头下落快，重量小的石头下落慢。当两块石头被绑在一起的时候（见图1-8），下落快的会被慢的拖慢，所以整个体系的下落速度介于两块石头单独下落的速度之间。但是，将绑在一起的石头看成一个整体，具有更大的重量，下落速度应该比单独下落的两个速度更大，这就陷入了一个自相矛盾的境地。伽利略由此推断物体下落的速度应该不是由其重量决定的，物体下落的快慢与物体的重量无关。伽利略的推理让我们看到了逻辑的力量！

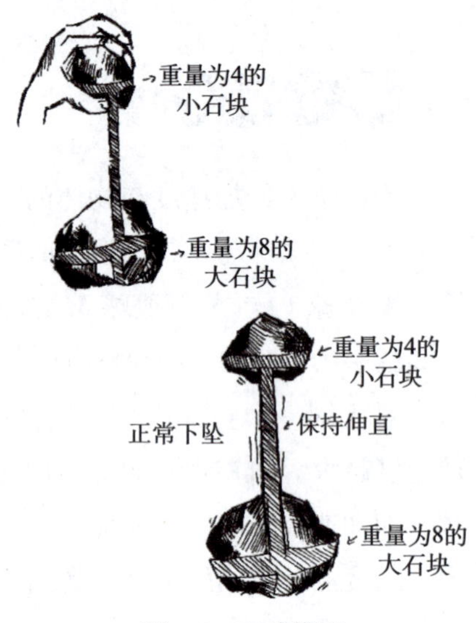

图 1-8　双球模型

伽利略的相对性原理可表述为：一个对于惯性系做匀速直线运动的其他参考系，其内部所发生的一切物理过程，都不受系统作为整体的匀速直线运动的影响。你怎样理解这个原理呢？谈一谈你的观点。

第 2 章

无处不在的力

第 1 节　嫦娥奔月后有什么变化?

生活物理

相传在远古的时候，天上突然出现了十个太阳，晒得大地直冒烟，老百姓实在无法生活下去了。有一个力大无比的人叫后羿，他决心为老百姓解除这个苦难。后羿登上昆仑山顶，运足气力，拉满神弓，一口气射下九个太阳。他对天上最后一个太阳说："从今以后，你每天必须按时升起，按时落下，为民造福。"

后羿为老百姓除了害，大伙儿都很敬重他。很多人拜他为师，跟他学习武艺。有一个叫逄蒙的人，奸诈贪婪，也随着众人拜在后羿的门下。

后羿的妻子嫦娥（原名姮娥）是个美丽善良的女子。她经常接济生活贫困的乡亲，乡亲们都非常喜欢她。一天，昆仑山上的西王母送给后羿一丸仙药。据说，人吃了这种药，不但能长生不老，还可以升天成仙。可是，后羿不愿意离开嫦娥，就让她将仙药藏在百宝匣里。

这件事不知怎么被逄蒙知道了，他一心想把后羿的仙药弄到手。农历八月十五这天清晨，后羿要带弟子出门，逄蒙假装生病，留了下来。到了晚上，逄蒙手提宝剑迫不及待地闯进后羿家里，威逼嫦娥把仙药交出来。嫦娥心里想，让这样的人吃了长生不老药，不是要害更多的人吗？于是，她便机智地与逄蒙周旋。逄蒙见嫦娥不肯交出仙药，就翻箱倒柜，四处搜寻。眼看就要搜到百宝匣了，嫦娥疾步向前，取出仙药，一口吞了下去。

嫦娥吃了仙药，突然飘飘悠悠地飞了起来。她飞出了窗子，飞过了洒满银辉的郊野，越飞越高。碧蓝碧蓝的夜空挂着一轮明月，嫦娥一直朝着月亮飞去（见图 2-1）。

后羿外出回来，找不到妻子嫦娥。他焦急地冲出门外，只见皓月当空，圆圆的月亮上树影婆娑，一只玉兔在树下跳来跳去。啊，妻子正站在一棵桂树旁深情地凝望着自己呢！"嫦娥，嫦娥……"后羿连声呼唤，不顾一切地朝着月亮追去。

可是他向前追三步，月亮就向后退三步，怎么也追不上。

如果真的有嫦娥从地球到达了月球，那么她会有哪些变化呢？如果人们给爱美的嫦娥送去体重秤，她站上去的数据会显示多少呢？

图 2-1 嫦娥奔月

原来如此

人们常说，物体的重量是多少，那么科学地看待“重量”这个词，它包含两个含义：一个是质量，一个是重力。最初，牛顿把质量说成物质的数量，即物质多少的量度。我们知道，人也是由多种物质组成的，物质的多少是不会随着位置、状态的变化而变化的。重力的产生源于万有引力，是由于地球吸引而使物体受到的力。物体受到重力的大小跟物体的质量 m 成正比，而当 m 一定时，物体所受重力的大小与重力加速度 g 成正比，用关系式 $G=mg$ 表示。通常在地球表面附近，g 值约为 9.8 N/kg，表示质量是 1 kg 的物体受到的重力是 9.8 N。其方向竖直向下。

大家可以回想一下，我们在使用体重秤测量体重时，要把体重秤水平放置，然后人站在上边，不能有人向下压，也不能有人向上提。这又是为什么呢？因为只有当人自由站在体重秤上的时候，人对秤的压力才能等于人的重力，即体重秤实际上称量的是人对其施加的压力，再用压力除以重力加速度就得到了质量。

月球上的物体是不是也有重力呢？当然是的，但是与地球上的重力有区别。由于月球和地球的质量是不同的，重力加速度的大小也不同。在月球上，重力加速度大概是地球的 1/6。如果将体重秤拿到月球上使用，依然会有示数，但是示数为物体在月球上的重力除以地球的重力加速度得到的，因此结果为真实质量的 1/6。

中国探月

1. 阶段计划

中国探月工程又称“嫦娥工程”，经过10年的酝酿，最终确定分为“绕”“落”“回”三个阶段。月球上的探测器如图2-2所示。

图 2-2　月球上的探测器

第一期为绕月工程。中国在2007年发射探月卫星“嫦娥一号”，对月球表面环境、地貌、地形、地质构造与物理场进行探测。

第二期工程时间定为2007～2010年，目标是研制和发射航天器，以软着陆的方式降落在月球上进行探测。具体方案是用安全降落在月面上的巡视车、自动机器人探测着陆区的岩石与矿物成分，测定着陆点的热流和周围环境，进行高分辨率摄影和月岩的现场探测或采样分析，为以后建立月球基地的选址提供月面的化学与物理参数。

第三期工程时间定在2011～2020年，目标是月面巡视勘察与采样返回。其中前期主要是研制和发射新型软着陆月球巡视车，对着陆区进行巡视勘察。后期2015年以后，研制和发射小型采样返回舱、月表钻岩机、月表采样器、机器人操作臂等，采集关键性样品返回地球，对着陆区进行考察，为下一步载人登月探测、建立月球前哨站的选址提供数据资料。此段工程的结束使中国航天技术迈上一个新的台阶。

2022年4月24日上午，"中国航天日"启动仪式线上举行。国家航天局公布的信息显示，探月工程四期、小行星探测重大任务正式启动工程研制，中国航天行星际探测不断拓展新征程。

2. 工程目标

中国探月卫星工程有五大工程目标：一是研制和发射中国第一颗探月卫星；二是初步掌握绕月探测基本技术；三是首次开展月球科学探测；四是初步构建月球探测航天工程系统；五是为月球探测后续工程积累经验。为此要突破月球探测卫星的关键技术；初步建立中国的深空探测工程大系统；验证有效载荷和数据解译等各项关键技术；初步建立中国深空探测技术研制体系；培养相应的人才队伍。

3. 嫦娥五号

嫦娥五号（见图2-3）是中国首个实施无人月面取样返回的月球探测器。

嫦娥五号任务是中国探月工程的第六次任务，计划实现月面自动采样返回，助力深化月球成因和演化历史等科学研究。2020年11月17日，长征五号遥五运载火箭和嫦娥五号探测器在中国文昌航天发射场完成技术区总装测试工作后，垂直转运至发射区。11月24日4时30分，长征五号遥五运载火箭成功发射，火箭飞行约2200 s后，顺利将嫦娥五号探测器送入预定轨道，开启了中国首次地外天体采样返回之旅。12月1日，嫦娥五号探测器成功在月球正面预选着陆区着陆。12月17日凌晨，嫦娥五号返回器携带月球样品，采用半弹道跳跃方式再入返回，在内蒙古四子王旗预定区域安全着陆。

图 2-3　嫦娥五号

2021 年 2 月 22 日上午，中共中央总书记、国家主席、中央军委主席习近平在北京人民大会堂会见探月工程嫦娥五号任务参研参试人员代表并参观月球样品和探月工程成果展览，充分肯定了探月工程特别是嫦娥五号任务取得的成就。他强调，要弘扬探月精神，发挥新型举国体制优势，勇攀科技高峰，服务国家发展大局，一步一个脚印开启星际探测新征程，不断推进中国航天事业创新发展，为人类和平利用太空做出新的更大贡献。

有没有月球上和地球上通用的测量质量的仪器？

第 2 节　怕踩的乒乓球

生活物理

乒乓球作为中国的国球，想必大家都不陌生。生活中大家是否做过这样的尝试：轻轻捏乒乓球，乒乓球会发生形变，松手后，乒乓球自动反弹，恢复原状；用力踩乒乓球，乒乓球也会发生形变，但抬脚后乒乓球并没有恢复原状（见图 2-4）。这是为什么呢？有的同学认为脚比手有劲儿。那是不是所有的物体都会有这样的特性呢？

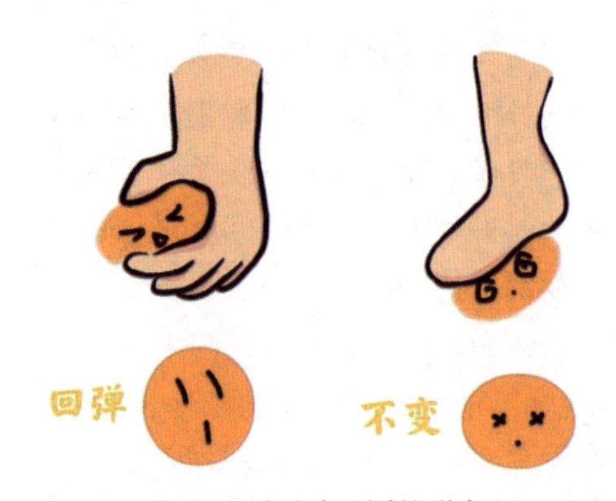

图 2-4　乒乓球不同的形变

科学实验

选取一个橡皮筋和一块橡皮泥，分别用力使它们发生形变。撤掉力之后会发生什么现象？在使二者发生形变的过程中，令橡皮筋发生形变是不是更费力一些呢？

根据物体发生形变后能否恢复原状，将形变分为**弹性形变**和**塑性形变**（见图 2-5）。

图 2-5　弹性形变与塑性形变

在外力的作用下，物体发生形变，当外力撤去后，物体能恢复原状，则这样的形变叫作弹性形变，如弹簧的形变、用手捏的乒乓球发生的形变等。发生形变的物体对与它接触的物体会产生力的作用，这种力叫作**弹力**。

在外力的作用下，物体发生形变，当外力撤去后，物体不能恢复原状，则称这样的形变为塑性形变，如橡皮泥的形变、用脚踩的乒乓球发生的形变等。

那为什么有的物体既可以发生弹性形变又可以发生塑性形变呢？这就要提到物体的弹性限度了。弹性限度亦称弹性极限，是指物体受到外力作用，在内部所产生的抵抗外力的相互作用力不超过某一极限值，若外力作用停止时，物体形变可全部消失，恢复原状，这个极限值称为弹性限度。

乒乓球也有弹性限度，正如大家所想的那样，脚踩的力量更大，使乒乓球发生了更大的形变。脚踩乒乓球超过了它的弹性限度，对乒乓球造成了毁灭性的损害。

力的作用效果主要有两类，一类是使物体的运动状态发生变化，另一类是使物体发生形变。任何物体都能发生形变，不过有的形变比较明显，有的形变极其微小。其实物体形变每时每刻都在发生，并影响着我们。体育场上篮球着地时，如果篮球和地面不发生形变，篮球就不会弹起；网球接触球拍的一瞬间，如果网球和球拍没有形变，网球就不能弹出，我们就不能欣赏精彩的网球赛；甚至我们走路时，如果鞋底和地面没有形变，我们就没法行走；拿杯子时，如果手指和杯子没有形变，我们就喝不了水。总之，没有物体的形变，我们几乎做不了任何事情。

思维拓展

隔山打牛

虽然形变离我们很近，是生活中的寻常事，但有些形变具有令人耳目一新的趣味。

我们取出 3 枚硬币，分别标注为 A、B、C，将 A、B 两枚硬币紧靠在一起，用手指轻轻按住 A 硬币，在稍微远的地方用另一只手弹出 C 硬币，使其撞击紧靠在一起的 A、B 硬币，被撞击的 A 硬币不动，而 B 硬币被撞飞（见图 2-6）。这是什么原因呢？原来，虽然硬币较硬，但是在外力的作用下它仍然会发生微小形变，只是我们肉眼看不见罢了。当 A 硬币受外力冲击时，在一瞬间发生了微小的弹性形变，因为它要恢复原状，所以向恢复原状的方向上扩张，于是对紧挨着它的 B 硬币产生力的作用，使其弹出。

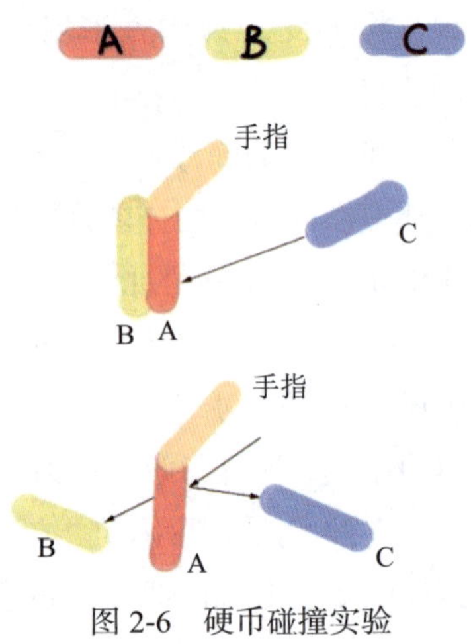

图 2-6　硬币碰撞实验

而使劲拍桌子，能让轻小的物体“跳”起来，也是这样的道理。使劲拍桌子的一瞬间，桌面发生了形变，它要恢复原状，对放在它上面的轻小物体有沿恢复原状方向上力的作用，当这个力大于轻小物体自身的重力时，物体就会“跳”起来。

小试牛刀

如何利用家里的常用物品设计一个弹簧测力计？能否用它测量质量？

第 3 节　为什么降雨的危害不如高空抛物？

生活物理

除了重力和弹力，物体还会受其他因素的影响吗？让我们对比分析以下现象。

高空抛物被称为“悬在城市上空的痛”，曾与“乱扔垃圾”齐名。高空抛物是一种不文明的行为，而且会带来很大的社会危害。“抛砖砸死婴儿”事件经媒体报道后引起社会广泛关注。人们为百日婴儿过早地离开这个世界、父母悲痛欲绝而扼腕，有关城市高空抛物威胁人们“头顶安全”的社会问题再次引起人们的热议。与此同时，也有人在思考。下雨天雨滴从天空中落下，为什么就不会对人造成伤害呢（见图 2-7）？

图 2-7　雨滴下落与高空抛物

科学实验

将一根羽毛和一把尺子同时在空中同一高度释放，它们会同时到达地面吗？显然不会，羽毛要慢很多。这貌似跟我们之前的认知有出入。是因为羽毛这种物体不适用于之前所说的规律吗？其实不然，如果将其放在被抽到近似真空的真空罩或者真空管里，二者却能同时下落。

原来如此

肯定不少人会说，因为雨滴的质量小，比较轻，所以不会对人造成伤害。但是更高空落下的雨滴，其重力势能的大小也是不容小觑的。

其实，雨滴下落过程中的空气阻力是不能被忽视的。如果没有空气（阻力），当天上的云变成雨落下来，经过一路的加速运动之后，雨滴到达地面时的速度会达到 300 m/s，相当于普通手枪发射子弹的速度。以这样的速度落下，对生物体几乎是致命的。由于空气阻力的存在，雨滴形成并开始下落，要经过短暂的变加速（加速度逐渐变小）运动。当雨滴受到的空气阻力等于自身的重力时，开始进入匀速下落阶段，直至到达地面。物理学上把这个匀速下落阶段的速度称为物体的收尾速度，或称终极速度、极限速度。

1. 雨滴的大小

一般情况下，雨滴的直径为 0.5～6 mm，极少数情况下，雨滴的直径会达到 8 mm 甚至 10 mm（曾在夏威夷群岛观测到）。

科学家发现，如果空气中的水珠直径小于 0.5 mm，那么由于大气层上升气流的作用，水珠能够被留在空中。由于空气阻力的存在，直径大的水珠在下落过程中往往会分解成许多体积骤减的细小水珠。此外，直径大的水珠在下落时相互不断碰撞，也促使它们分解。科学家在实验室进行研究发现，水珠通常在直径达到大约 5 mm 时就开始分解为直径较小的水珠。这就是为什么在地面上很少看到直径 5 mm 甚至更大的雨滴。

2. 雨滴的大小与收尾速度

雨滴的收尾速度与雨滴的大小有较强的相关性。一般而言，毛毛雨的雨滴（直径约为 0.5 mm）收尾速度为 2 m/s，而暴雨（最大直径为 5.5 mm 左右）的雨滴最大收尾速度为 8～9 m/s。而高空抛物一般可以看作自由落体运动，大概需要 4 m，速度就可以达到 8～9 m/s。

思维拓展

跳伞中的力学知识

图 2-8　跳伞运动

跳伞运动（见图 2-8）看似简单，实际上蕴含了很多物理运动学知识。要实现安全跳伞，了解其中的物理知识很重要。对全程运动状态和打开降落伞时机的判断，是能否顺利完成跳伞的关键。打开降落伞的时间不能太晚，否则着陆时速度过快，会造成伤害甚至死亡。

下面从运动和受力的角度分析跳伞运动的过程。在这里，可以考虑最理想的情况，天气晴朗，除竖直方向的阻力外，其他方向的作用力忽略不计。另外，跳伞员自身的主观因素和相关的气流等因素也不作考虑。跳伞员在下落的过程中，除了受重力，还受到与运动方向相反的空气的阻力，而阻力随着下落速度的增大而逐渐增大。所以，跳伞开始阶段，空气阻力很小，可以看成自由落体运动。随着速度的增大，空气阻力也随之增大，运动过程不再是自由落体。根据牛顿第二定律，跳伞员下降的加速度逐渐减小，跳伞员做加速度逐渐减小的加速运动，最终会达到一个平衡状态。在达到平衡状态时，跳伞员的速度将会达到一个极限值，此时的速度通常称为极限速度。达到平衡状态后，在适当时机打开降落伞，此时阻力特别大，运动员做减速运动，要想安全着陆，与地面接触时的速度必须控制到足够小。

冰雹与高空抛物比起来，其危害是否更大？请查阅相关资料，尝试解释。

第 4 节　捏不碎的鸡蛋

生活物理

我们知道了自然界中存在的几种力，那力是如何共同作用于物体的呢？让我们来看看鸡蛋的智慧。提到鸡蛋，人们总有一种“累卵之危”的联想，因为蛋壳很薄，感觉很容易打破。孵化成熟的雏鸡能很轻易地破壳而出。然而有一种情况，可能会让你感到很普通的鸡蛋也没有那么脆弱：把鸡蛋放在两手的掌心之间，用力挤压它的两端，要用很大的力气才能压碎它。

《死魂灵》里的基法·莫基耶维奇曾在好几个哲学问题上绞尽脑汁，其中有这样一个问题：“如果大象能生蛋，那蛋壳应该不至于厚到没有什么炮弹打得碎吧！唉，现在是到了发明一种新火器的时候了（见图 2-9）。”这位“哲学家”如果知道普通的蛋壳虽然很薄，却也没有那么脆弱，他一定会大吃一惊的。那么，蛋壳为什么会如此坚固呢？

图 2-9　蛋壳脆弱吗？

原来如此

要想说清楚这件事，首先我们要明白不在一条直线上的几个力的合成所遵循的规律。两个力合成时，以表示这两个力的线段为邻边作平行四边形，这两个邻边之间的对角线就代表合力的大小和方向。这个法则叫作平行四边形定则，如图2-10所示。

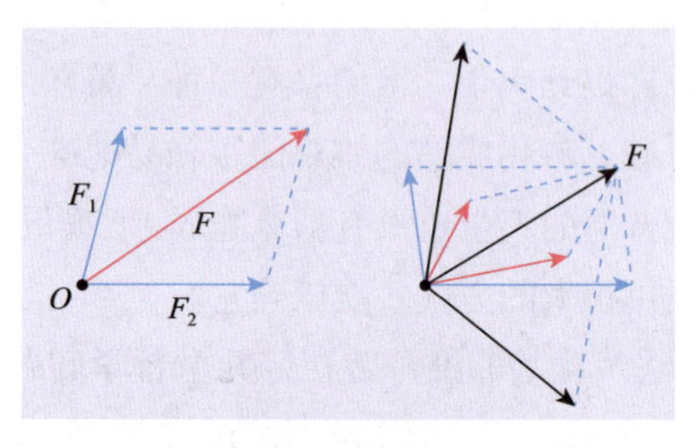

图 2-10　平行四边形定则

反过来，如何对力 F 进行分解呢？因为分力的合力就是被分解的那个力，所以力的分解是力的合成的逆运算，同样遵守平行四边形定则。把一个已知力 F 作为平行四边形的对角线，那么，与力 F 共点的平行四边形的两个邻边就表示力 F 的两个分力。如果没有限制，由一条对角线可以做出无数个不同的平行四边形。也就是说，同一个力 F 可以分解为无数对大小、方向不同的分力。一个已知力究竟应该怎样分解，要根据实际情况确定。

如图 2-11 所示，杂技演员双脚踏在鸡蛋上，而鸡蛋却安然无恙，因此它并不像我们想象得那么脆弱。人类模仿鸡蛋外形建造了拱形桥，中国著名的古桥——赵州桥、宙城的城门洞等许多桥梁和建筑也都采用拱形结构。如图 2-11 中的小型石拱所示，上方的石头向下施加压力，压在拱门中心的楔形石头上。但是这块石头由于是楔形的，不能向下移动，而只能压在相邻的两块石头上。这时候压力可以按照平行四边形定则向两侧分解成两个力。这两个力被两边相邻石块的阻力平衡了，而这两块石块又被挤在旁边的石块之间。由于拱形顶部受到的压力能通过拱形体均匀地传递给两侧，因此只要有坚固的底部，从外面压在拱门上的力就不会把拱门压坏。可是如果从下往上向它用力，那就比较容易把它破坏，因为楔形的石块虽然不能下落，却能够上升。蛋壳虽然是整块的，但它的结构类似于拱门。因此，蛋壳虽然很薄、很脆，却能承受外来的较大的压力。

图 2-11　脚踩鸡蛋与石拱

人体中的拱形结构

生活中有很多物体的坚固源于拱形结构。电灯泡看起来很脆弱，实际上却极坚固，这同蛋壳很坚固是同样的道理。然而电灯泡的坚固性比蛋壳还要惊人，因为我们知道有许多灯泡几乎是中空的，里面没有什么物质可抵抗灯泡外面空气的压力。而空气对电灯泡的压力并不小，直径 10 cm 的灯泡所受的压力在 750 N 以上（相当于一个 75 kg 人的体重）。实验证明，真空灯泡甚至能经受住 1875 N（相当于 2.5 个人的体重）的压力。同样的情形也出现在人的身体结构上，我们每天走路、奔跑、跳跃，都要经受各种各样的冲击。计算表明，从高处跳下，腿部受到的冲击力有时可以达到几万牛，但是人体并没有因为这些冲击而损坏。这要归功于人体内部奇妙的结构——在人体的内部既有减震的“弹簧”，又有结实的“拱桥”（见图 2-12）。

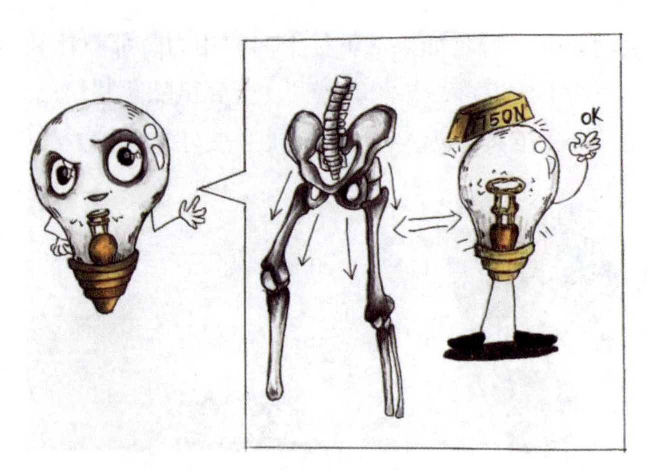

图 2-12　人体和鸡蛋的拱形结构

人体像建在两个柱子上的大厦，上身的重量约占体重的 70%，通过脊柱压在两条腿上。按建筑学的原理，两条腿的中间应该有一根很粗的“梁”才能承受住这么大的重力，这根“梁”必须相当结实，因为人在运动中所产生的冲击力有时是体重的十几倍，甚至是几十倍。但是在人体内找不到一根结实、厚重的“梁”。连接人体上身和两腿的是骨盆，骨盆很轻、很薄，是怎么承受这么大的力量的呢？原来骨盆类似于一个“拱门”，拱的前下方通过耻骨拉紧，上身的重量通过脊柱末端的骶骨压到两个髂骨上，再传到大腿骨上，耻骨的连接使这个拱更加稳固，不受腿部运动的影响。除此之外，在人的两只脚上有两个“拱桥”，就是足弓，它们由一连串的小骨头组成，不仅能使人站立得更稳固，还保护着足底的神经和血管免受压迫，还能起防震作用。

这些事实都说明，曲面能把外来的力沿着曲面均匀地分散开，所以即使物体很薄，也能承受较大的外力。古代盾牌做成曲面，使凸面对敌；现代航天航空、造船、化工等许多领域都广泛应用了薄壳理论。

小试牛刀

大家可以做这样一个小实验：如图 2-13 所示，先将半个蛋壳（边缘是平的）倒扣在桌面上，使凸面朝上。手拿一根铁钉，钉尖朝下，在蛋壳上方 10 cm 处撒手，让钉尖正好击在蛋壳最凸起的位置上，蛋壳会被击破吗？再将蛋壳翻过来，让凹面朝上，重做上面的实验，会有什么发现？

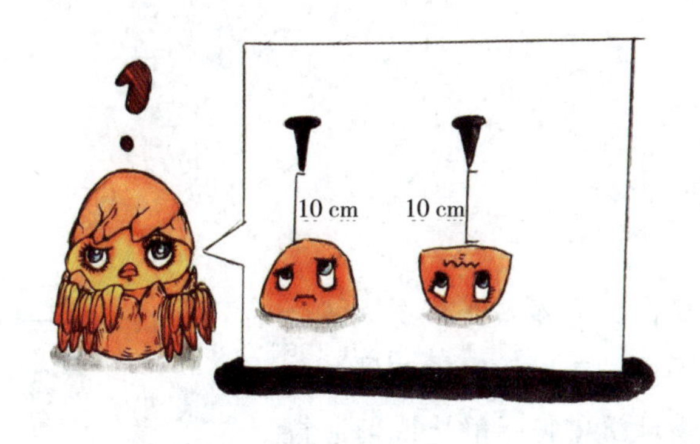

图 2-13　蛋壳实验

第 5 节　难以置信的平衡术

生活物理

如果物体所受合力为零，那么物体就会处于平衡状态。平衡，在生活中指的是一个稳定的状态，在物理学中特指静止或匀速直线运动状态。在这个复杂的世界中，要想让物体处于静止或者匀速直线运动状态并不是一件容易的事。杂技演员表演的惊险的平衡术（见图 2-14）让我们感到不可思议。

图 2-14　杂技演员表演平衡术

科学实验

请你按照图 2-15 所示坐在椅子上，把上身挺直，而且不准把两脚移到椅子底下。不许把上身向前倾，也不许改变两脚的位置，请试试看能站起来吗？

图 2-15　站起实验

结论是无论你费多大的力气，只要不把上身向前倾或者把两脚移到椅子底下去，就休想站起来。要想明白这是怎么一回事，我们得先谈谈人类是怎样找平衡的。

原来如此

说到找平衡，首先我们要认识重心。

地球上的任何物体都要受地球的引力，若把物体假想地分割成无数部分，那么所有这些微小部分受到的地球引力将组成一个空间汇交力系（汇交点在地球中心）。由于物体的尺寸与地球的半径相比小很多，因此可近似地认为这个力系是空间平行力系，此平行力系的合力 G 即物体的重力。通过实验可以知道，无论物体怎样放置，其重力总是通过物体内的一个确定点——平行力系的中心，这个确定的点称为物体的重心。重力的作用线就是过重心的竖直直线。

我们先讨论一下物体“跌倒”的过程。我们把一块砖竖直放在地面上，这时重力的作用线通过它的支撑面，所以砖能保持平衡。如果我们在砖的顶端加一个力，使砖离开原来的平衡位置而倾斜一定角度，在倾斜的角度比较小的情况下，砖的重力作用线仍在原来的支撑面内，这时如果撤去这个力，砖会回到原来的平衡位置，不会倒下；如果施加的作用力使砖倾斜的角度过大，砖的重力作用线超出了原来的支撑面，砖就会倾倒而达到另一个平衡位置。可以看出，“跌倒”与否的关键是重力的作用线是否越过了支撑面。

无论是站立还是行走，只有当过重心的竖直线在一定的面积（该面积是两脚外缘形成的小面积）范围内时人才不会倒（见图 2-16）。因此用一只脚站立是十分困难的，而在钢索上站立就更加困难了，因为这种情况下底面积非常小。你注

图 2-16　行走和站立的人

意过老水手们走路的姿势吗？他们大多数时间都在摇摆不定的船上，在船上，从人体重心引下的竖直线每一秒都可能越出两脚之间的范围，为了不至于跌倒，老水手们都习惯把他们身体的底面尽可能放大（即两只脚尽量合适地打开），这样他们才可能在摇摆的甲板上站稳，自然，他们这种走路的方法也沿用到陆地上。还有我们在公交车上为了站稳，也是把两只脚尽量地打开一定的角度。另外，当人站在人字梯上作业时，梯子必须平衡，这就要求梯子的 4 个支脚撑开的面积要足够大，否则人在上面就会有危险。这样的例子数不胜数。日常生活中人们经常用加大支撑面的办法增加物体的稳度，台灯下面有大底座，瓶子的底部比瓶口大，大烟囱的下边比上边粗，等等。

现在，我们回到科学实验上来。一个坐定的人，他的身体重心位置是在身体内部靠近脊椎骨的地方。从这一点向下画一条竖直线，这条竖直线一定通过座椅，落在两脚的后面。但是，一个人要想站起来，这条竖直线一定要通过两脚之间的那块面积。因此要想站起来，一定要上身向前倾或者把两脚向后移。上身向前倾是把重心向前移；两脚向后移是使从重心引下的竖直线能够投影于两脚之间的面积内。我们平时从椅子上站起身来的时候，正是这样做的。假如不允许这样做，那么想从椅子上站起身来是不可能的。

福斯贝里的故事

1968 年，美国运动员福斯贝里在第 19 届奥运会上，用独特的弧线助跑，背向横杆的过杆方法，以 2.24 m 成绩摘取了男子跳高比赛桂冠。当时人们将这种跳高方式称为“福斯贝里式”，后称为“背越式”（见图 2-17）。从此，背越式跳高技术开始盛行，并逐渐被大部分跳高运动员采用。

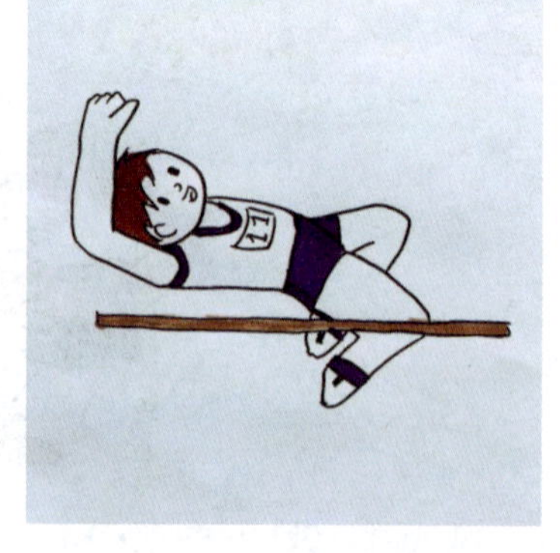

图 2-17　背越式跳高

1947 年 3 月 6 日，福斯贝里出生于美国的波特兰。年轻的他一直梦想着成为世界上跳得最高的人。那时，全世界跳高流行的姿势是俯卧式，他也沿用此式练习了很长一段时间。但是爱动脑筋的福斯贝里总觉得这种姿势不能把腰腿的力量全用上，于是他便钻研起来。一天他突然获得灵感：如能简单地平放身体过杆，可能效果更佳。经过一番琢磨，他找到了一个方案：跑弧线接近横杆，转身单腿起跳后背对横杆，头部、上体、臀部、脚依次过杆，用肩背部落地。福斯贝里最早采用这种姿势时，人们都感到滑稽可笑，但他毫不动摇，坚持采用背越式参加跳高比赛。1965 年，18 岁的福斯贝里用这种独特的背越式技术越过了 2 m 的高度，使人们看到了这种新姿势的生命力。1967 年，福斯贝里的背越式技术更趋完善，他用背越式姿势跳过了 2.13 m，进入世界优秀运动员的行列。1968 年，在墨西哥城奥运会上，他以 2.24 m 的成绩获得金牌，并打破了奥运会纪录。全世界的电视观众都被他舒展而优美的姿势征服了。

福斯贝里是第一个采用背越式过杆技术并获得重大成就的运动员，这是跳高史上的一次技术革命。背越式技术的优点在于动作简单、自然、容易掌握，能最大限度地发挥运动员的运动素质。

U 小试牛刀

请查阅相关资料，说一说还有哪些寻找物体重心的方法。

第3章
运动的物体真给力

第 1 节　坐地日行八万里

生活物理

毛泽东的《七律二首 · 送瘟神》中的诗句“坐地日行八万里，巡天遥看一千河”表达了“我即使不动，一天也能走八万里”的感慨，这是真的吗？

科学实验

生活中我们经常乘坐扶梯。你在扶梯匀速上升过程中闭上眼睛，能感觉到电梯在上升吗？我们的感受往往和站在地面时一样，并没有向上或者向下的感觉。这是因为在电梯匀速上升过程中，人具有惯性，会保持跟电梯一样的运动状态不变，并不需要力的作用。

原来如此

其实，“坐地日行八万里”源自地球的自转，如图 3-1 所示。赤道周长约 40 000 km，地球一天自转一圈，即 8 万里（1 里 =500 m）。虽然人在赤道上相对于地面是静止的，但是确实跟着地球的自转改变在宇宙中的位置了，所以也走了 8 万里。只是平时我们所说的行进多少路程是相对于地面的位置移动，而毛主席所说的是在宇宙空间中所经过的路程。那人为什么会跟随地球的自转一起运动呢？

这里不得不提的就是惯性了。在物理学里，**惯性**（inertia）是物体抵抗其运动状态被改变的性质。物体的惯性可以用其质量来衡量，质量越大，惯性也越大。牛顿在其巨著《自然哲学的数学原理》里这样定义惯性：是物体固有的属性，是一种抵抗的现象，它存在于每一物体中，大小与该物体的质量成正比，并尽量使其保持现有的状态，不论是静止状态，或是匀速直线运动状态。

图 3-1　地球的自转

例如，当你踢到球时，球就开始运动，这时，由于球具有惯性，它将不停地滚动，直到被外力所制止。任何物体在任何时候都是有惯性的，它要保持原有的运动状态。我们有着跟地球自转相同的速度，那就会保持这个速度一直运动下去，这个运动的维持不需要额外的向前或者向后的力，所以我们待着就好，不需要努力就可以实现“坐地日行八万里，巡天遥看一千河”。

思维拓展

惯性相关知识认识过程中的主要人物

1. 让・布里丹

在 14 世纪，法国哲学家让・布里丹（见图 3-2）提出冲力说。他称呼促使物体运动的力为冲力，冲力由推动者传送给物体，促使物体运动。他否定了冲力会自己消耗殆尽的观点。布里丹认为永存不朽的冲力是被空气阻力或摩擦力等逐渐抵销的，只要冲力大于阻力或摩擦力，物体就会继续移动。布里丹认为冲力与物体密度和体积成正比，且速度越大，冲力越大；物体内部的物质越多，能够接受的冲力越大。

图 3-2　让 · 布里丹

2. 开普勒

德国天文学家开普勒（见图 3-3）在 1618 年至 1621 年分三阶段发表的著作《哥白尼天文学概要》中最先提出术语“惯性”，拉丁语为“懒惰”的意思，与当今的诠释不太一样。开普勒以对运动变化的抗拒定义惯性，这仍旧是以亚里士多德的静止状态为自然状态为前提。一直等到后来伽利略的研究，牛顿将静止与运动统一于同一原理，术语“惯性”才有了当今所被认可的含义。

图 3-3　开普勒

3. 伽利略

惯性原理是伽利略（见图 3-4）在 1632 年出版的《关于托勒密和哥白尼两大世界体系的对话》一书中提出的，它是作为捍卫日心说的基本论点而被提出来的。

根据亚里士多德的观点，力的持久作用可使物体保持匀速运动。但是伽利略的实验结果证明，物体在引力的持久影响下并不会做匀速运动，而是每次经过一定时间之后，在速度上就有所增加。物体在任何一点上都继续保有其速度并且被引力加剧。如果引力能够截断，物体将仍旧以它在那一点上所获得的速度继续运动下去。伽利略利用金属球在斜面滚动的实验得到，金属球

图 3-4　伽利略

以匀速继续滚过一片光滑的水平桌面。从以上这些观察结果就得到了惯性原理。这个原理阐明，物体只要不受外力的作用，就会保持其原来的静止状态或匀速运动状态不变。

伽利略总结，假若不碰到任何阻碍，运动中的物体会持续做匀速直线运动。他将此称为惯性定律。这一理论刚被提出时并不被其他学者接受，因为当时大多数学者不了解摩擦力与空气阻力的本质，不过伽利略的实验以可靠的事实为基础，经过抽象思维，抓住主要因素，忽略次要因素，更深刻地反映了自然规律。

伽利略的惯性原理是近代科学的起点，它摧毁了反对哥白尼的所谓缺乏地球运动的直接证据的借口。

4. 笛卡儿

笛卡儿（见图 3-5）等人在伽利略研究的基础上进行了更深入的研究。笛卡儿认为：如果运动物体不受任何力的作用，那么不仅速度大小不变，而且运动方向也不会变，将沿原来的方向匀速运动下去。

图 3-5　笛卡儿

5. 牛顿

被现代社会所普遍认知的惯性原理来自于牛顿（见图 3-6）的《自然哲学的数学原理》，定义如下：任何物体都要保持静止或者匀速直线运动状态，直到外力迫使它改变运动状态为止。

图 3-6　牛顿

写出这著名的**牛顿第一定律**后，牛顿开始描述他所观察到的各种物体的自然运动。像飞箭、飞石一类的抛体，假若不被空气的阻力抗拒，不被引力吸引坠落，它们会速度不变地持续运动。像陀螺一类的旋转体，假若没有地面的摩擦力影响，它们会永久不息地旋转。像行星、彗星一类的星体，在阻力较小的太空中移动，会更长久地维持它们的运动轨道。在这里，牛顿并没有提到牛顿第一定律与惯性参考系之间的关系，他所专注的问题是，为什么在一般观察中，运动中的物体最终会停止运动？

他认为原因是有空气阻力、地面摩擦力等作用于物体。假若这些力不存在，则运动中的物体会永远不停地做匀速运动。这个想法是很重要的突破，需要有极为敏锐的洞察力与丰富的想象力。

牛顿第一定律是经典物理学的基础之一，对惯性原理的理解随着现代物理学的发展而出现了改变。牛顿说："我只是站在巨人的肩膀上！"

生活中还有哪些惯性现象？你能利用惯性知识解释这些现象吗？

第 2 节　为什么你带不动胖子？

生活物理

大家身边多多少少都有胖子朋友吧。根据牛顿第一定律，人不管胖瘦，都有保持原来运动状态不变的性质，那在运动过程中，胖人和瘦人之间有什么区别呢？如果有个胖子朋友想坐你的自行车后座，你有何感想？哪怕是电动自行车，你是否也隐隐感觉电动车的抗议呢？为什么带不动胖子（见图 3-7）？

图 3-7　车后座上的朋友

科学实验

准备两个质量不同的小球，用弹球的手法分别弹出两个小球，你会有什么感觉呢？认真实验一番你会发现，质量大的小球更难被弹出。这是因为同样大小的力给质量较大的球提供的加速度更小。

这一切要从**牛顿第二定律**说起。伽利略指出：以任何速度运动着的物体，只要排除加速或减速的外因，此速度就可以保持不变。笛卡儿也认为，在没有外力作用时，粒子或者做匀速运动，或者静止。牛顿把这一假定作为第一定律，并将伽利略的思想进一步推广到有力作用的场合，提出了第二定律。

1684 年 8 月，在埃德蒙多·哈雷的劝说下，牛顿开始写作《自然哲学的数学原理》，他系统地整理手稿，重新考虑部分问题。1685 年 11 月，形成了两卷专著。1687 年 7 月 5 日，该书使用拉丁文出版。书中提出了牛顿第二定律：物体加速度的大小与作用力成正比，与物体质量成反比（与物体质量的倒数成正比），加速度的方向与作用力的方向相同。也就是说，我们要给质量大的物体提供同样的加速度，需要更大的力。

小试牛刀

弹力方程式赛车

弹力方程式赛车（见图 3-8）很多人都不熟悉，但说到“皮筋车”，恐怕很多人小时候都玩过。其实小小的“皮筋车”就可以制作成弹力方程式赛车。你或许会感到好奇：这么一个小东西可称之为方程式赛车，一定有很深厚的工业设计、材料学、力学、空气动力学、加工的基础。

弹力方程式赛车简称“FE”，FE 是“formula elastic”的缩写。其中 formula 译为“方程式”，elastic 译为“弹力”，该项目是一项以创意设计为核心内容的皮筋动力车综合设计竞赛，参赛车辆必须使用规定的橡皮筋作为唯一的驱动力。

所有车型的结构均需要自行设计，包括材料的选取、数字建模、零件的微加工等，而统一要用的动力是一根近 5 m 长的橡皮筋。除了核心动力与真实汽车不同，弹力方程式赛车拥有与真车一样的齿轮、轴承、避震器、刹车盘等，充满了科技感和趣味性，而玩家在制作过程中可提高设计能力，创新设计思维。

图 3-8　弹力方程式赛车

请自主设计一辆弹力方程式赛车，思考如何改进并提高方程式赛车的载重质量。

第 3 节　击打木人桩为什么手会疼?

生活物理

我们向物体施加不同大小的力，物体的运动状态可能会发生变化。这个过程中对我们自己有什么影响吗？我们经常在影视作品中看到叶问这个角色。叶问在练习咏春拳的时候，非常有力量地快速击打木人桩（见图 3-9），让我们看得非常过瘾。有的人看了觉得很容易，自己也去尝试用力击打木人桩。但结果可想而知，当他用力击打时，自己感觉到非常疼痛。那为什么用力击打木人桩却感觉好像是自己被木人桩打了呢?

图 3-9　击打木人桩

科学实验

动手叠一只纸青蛙，用力向下挤压青蛙的后部，青蛙会向前跳跃。这是利用了青蛙和地面的相互作用力来实现跳跃的。

原来如此

这种现象涉及相互作用的两个物体间的作用力，我们需要用**牛顿第三定律**来研究。牛顿第三定律通常表述为：相互作用的两个物体之间的作用力和反作用力总是大小相等，方向相反，作用在同一条直线上。这个定律表明，当我们击打木人桩时，木人桩对我们的力的大小与我们施加的力的大小相等。我们施加的力越大，受到的力也越大。可见，击打木人桩不仅仅练习进攻，也在增强自己的抗击打能力。

火车大碰撞

如果一列高速运行的火车撞向另一列停在车站里的火车（见图 3-10），哪列火车受到的冲击力更大？有了牛顿第三定律，我们可以清晰地判断出两列火车相撞时，两列火车会受到相同的冲击力。有意思的是，上面的问题与火车的质量是无关的，不管是大质量火车撞小质量火车，还是小质量火车撞大质量火车，两列火车受到的冲击力都是相等的。

但这并不是说碰撞造成的损失相同。尽管两列火车所受到的冲击力一样大，但在不同情况下会有不同的结果，也就会造成不同的损失。这是因为碰撞还遵循另一个重要的物理定律——动量守恒。动量是物体质量和速度的乘积，如果是高速行驶的火车撞上停在车站的火车，碰撞之后，高速行驶的火车将会继续前进并逐渐减速，最终停下，这是一种缓和的碰撞方式。如果是高速行驶的火车撞上行驶速度较慢的火车，情况也差不多是这样的。最可怕的碰撞是两列高速行驶的火车迎面相撞，由于碰撞时间极短，因此冲击力比前面的两种情况大得多，两列火车将在反弹力的作用下突然转为反向运动，会产生更大的加速度，更加危险。

图 3-10　火车相撞

U 小试牛刀

在台球比赛中，台球高手们用杆击母球，当母球碰完目标球后，有时是跟着向前走，有时是往回走，有时是定在碰撞的位置不动，请实践并思考为什么会有不同的结果。

第 4 节　在电梯里测体重

生活物理

生活中我们通常用体重秤测量体重（见图 3-11），体重秤是如何知道我们的体重的呢？实际上在测量过程中，牛顿第三定律功不可没。在体重秤的使用说明书中会指出，体重秤要放在硬实、平整的地面使用。那有没有人把体重秤放在硬实、平整的电梯地面进行测量呢？如果你尝试了就会发现：体重秤示数不是一直不变的，电梯启动上升的时候示数会比较大；上升停止时示数会减小；静止的时候、匀速上升过程中示数才是真实的体重。这又是怎么回事呢？

图 3-11　体重秤的使用

原来如此

要解释电梯里体重秤示数变化的问题，就要从我们经常听到的**超重**和**失重**说起了。在物理学中，物体对支持物的压力小于物体所受重力的现象叫失重；物体对支持物的压力大于物体所受重力的现象叫超重。那什么时候压力大，什么时候压力小呢？在这里，我们就要对人进行受力分析了。人对秤的压力大小决定着秤的示数，而这个压力也等于秤对人的支持力。也就是说，我们要看支持力与重力的大小关系。当电梯启动上升时，加速上升，加速度向上，那么在竖直方向上支持力大于重力，合力向上；而上升停止时，减速上升，加速度向下，那么在竖直方向上支持力小于重力，合力向下。因此，当电梯启动上升时为超重；当电梯停止上升时为失重。这也就解释了为什么在电梯中测体重会有不同的示数了。

航天中的超重与失重

神舟十三号简称“神十三”，是中国载人航天工程发射的第十三艘飞船，是中国空间站关键技术验证阶段的第六次飞行，也是该阶段最后一次飞行。按照计划部署，神舟十三号航天员乘组（见图 3-12）在轨驻留六个月。

2021 年 10 月 16 日 0 时 23 分，搭载神舟十三号载人飞船的长征二号 F 遥十三运载火箭在酒泉卫星发射中心按照预定时间精准点火发射，约 582 s 后，神舟十三号载人飞船与火箭成功分离，进入预定轨道，顺利将翟志刚、王亚平、叶光富三名航天员送入太空，飞行乘组状态良好，发射取得圆满成功。

图 3-12　中国空间站中的航天员

2021年10月16日6时56分，神舟十三号载人飞船与空间站组合体完成自主快速交会对接。11月7日20时28分，航天员翟志刚、王亚平身着中国新一代舱外航天服成功出舱。12月27日0时55分，神舟十三号航天员乘组圆满完成第二次出舱既定任务，航天员翟志刚、叶光富安全返回天和核心舱。

2022年4月14日，神舟十三号载人飞船已完成全部既定任务，将择机撤离空间站核心舱组合体，返回东风着陆场。2022年4月16日9时56分，神舟十三号载人飞船返回舱在东风着陆场成功着陆。神舟十三号载人飞行任务取得圆满成功，中国航天又站在了一个新的起点。

下面我们来谈一谈航天员失重、超重的问题。

完全失重是指物体在引力场中自由运动时有质量而不表现重量的一种状态，又称零重力。完全失重有时泛指零重力和微重力。超重是物体所受限制力（拉力或支持力）大于物体所受重力的现象。当物体做向上的加速运动或向下的减速运动时，物体均处于超重状态，即不管物体如何运动，只要具有向上的加速度，物体就处于超重状态。超重现象在发射航天器时更常见，所有航天器及其中的航天员在刚开始加速上升的阶段都处于超重状态。

航天器飞行过程中，航天员从静止开始加速的时候存在超重现象，主要是因为除了重力加速度，又增加了一个火箭远离地球的加速度。同样是超重或失重，对飞行员和航天员产生的影响有很大区别。一般情况下，人类耐受超重的能力有一定极限，最关键的原因是在超重过程中，人体的血液会重新分布。由于人体的一般组织不具有流动性，而血液和淋巴具有流动性，因此相对固定的组织和液体之间会产生不同的应力。可以想象一个装有液体的试管，在加速的过程中，一部分力会通过液体传递到管壁，形成额外的液体压力。而对于血管这样有弹性的管道，超重或失重可能导致血液在身体不同部位重新分布。例如，在垂直情况下，如果正立，随着超重增加，血液会从头部逐渐转移到下肢，令下肢的血压升高，而上肢和头部的血压降低，导致血液朝与加速度相反的方向分布。正立情况下，正加速度使头部血液供应急速下降，会导致脑血液供应不足，从而导致飞行员或航天员发生晕厥。这种表现类似于体位性低血压症状。体位性低血压又叫直立性脱虚，是由于体位的改变（如从平卧位突然转为直立），或长时间站立发生的脑供血不足引起的低血压。由于航天员在火箭发射过程中采取特殊的姿势，而飞行员受各种因素限制无法采用类似的体位，因此航天员耐受实际超重的能力可大大提高。一般的飞行员如果可以耐受 10 倍重力的超重，那就是精英级的了。

电梯下降的时候，体重秤示数会有怎样的变化呢？请说出你的分析过程。

第 4 章
优美的曲线运动

第 1 节　物体为什么会偏离原来的运动方向?

生活物理

在游乐场中，我们乘坐过山车绕着轨道呼啸而过，体验其中的惊险与刺激；骑着旋转木马绕着中间轴旋转跳动，感受不一样的温馨；坐上环园小火车环绕景区一圈，欣赏园区的美景；坐上高大的摩天轮，一览整个城市的美丽景色……我们尽情享受着游乐场的欢乐（见图 4-1）。你知道，为什么我们可以绕着不同的物体，沿着不同的方向进行运动吗?

图 4-1　游乐场中各种各样的曲线运动

科学实验

如图 4-2 所示，抛出去的木棒沿着曲线运动。我们将一个石块水平抛出，最终其会落到地面上。石块初始时刻的运动方向是水平的，经过一段时间后，运动方向发生了变化。但是，如果我们将石块竖直往下抛出，那么它将会一直沿着竖直向下的方向运动。物体运动方向发生改变的根本原因是什么呢？

图 4-2　抛出去的木棒运动方向

原来如此

对于物体运动状况的解释离不开牛顿定律。牛顿第一定律告诉我们：一切物体在没有受到力的作用时，总保持静止状态或匀速直线运动状态。通过牛顿第一定律我们知道，物体不受力时，运动状态不变。物体的运动状态包括物体运动速度的大小以及运动的方向。当然，在现实生活中不受力的物体是不存在的。如果物体受到一对大小相等、方向相反的平衡力，运动状态也会保持不变，而当物体受到的力不能平衡时，它的运动状态就会发生改变。

根据牛顿第二定律我们知道，当物体受力时，在力的方向上具有一个加速度。加速度反映了速度的变化量。当加速度和速度的方向相同时，物体会做加速运动，如竖直向下扔的物体；当加速度和速度的方向相反时，物体会做减速运动，如竖直上抛的物体；当加速度与运动方向不在同一条直线时，物体的运动就会拐弯，并且弯向加速度的这一侧，如水平抛出的物体重力加速度向下，物体在飞行过程中逐渐向下拐弯。

我们抛出的石块或木棒做曲线运动并最终落地。这是因为我们抛出物体的初始速度沿着水平方向，而物体在空中所受重力方向竖直向下，这就使物体有一个向下的加速度，所以物体在水平方向的速度大小不变，而在竖直方向的速度变

图 4-3　鲍姆加特纳高空跳伞

大，导致速度方向发生偏转。而我们竖直上抛或者下抛的物体，由于重力方向和运动方向在同一条直线上，速度方向不发生偏转。

物体做直线运动还是曲线运动是由物体的速度方向与外力方向是否在同一条直线上所决定的。我们可以把物体的速度看成两个方向运动速度的合成。物体也可能会受多个力的共同作用。我们可以根据物体运动合速度的方向与合力方向是否在同一条直线上进行判断。2012 年 10 月 14 日，奥地利的鲍姆加特纳从 39 000 m 高空跳伞（见图 4-3），成功落地。在跳伞过程中，由于受到风力的影响，跳伞者将同时做竖直降落和水平方向运动，两个方向的运动同时发生又互相独立，跳伞者做曲线运动。如果风只沿着水平方向，则将只影响跳伞者的水平速度，降落的时间将保持不变。

引力弹弓

在航天器中用到了一种神奇的曲线运动，得到了惊人的加速效果。在电影《流浪地球》中，人类建造了一万台驱使地球前进的行星发动机。启动转向发动机驱使地球停止自转，利用木星的引力弹弓效应进行加速，逃离太阳系，泊入目标星系。这里的引力弹弓效应是什么呢?

假设宇宙飞船要飞出太阳系，我们可以选择沿着远离太阳的方向发射。经过计算知道，要想离开太阳系，必须达到第三宇宙速度 16.7 km/s。由于飞船在远离太阳时受到太阳引力的拖曳，速度会减小。如果让飞船保持较大速度飞行，则必须携带足够多的燃料。然而随着携带燃料的增多，飞船负荷急剧增大。苏联科学家尤里 · 康德拉图克在 1918 年发表了一篇论文——《致有志于建造星际火箭而阅读此文者》。论文中提出了引力弹弓的方法，即利用其他天体的重力场对航天器进行加速或减速。例如，有一个宇宙飞船掠过木星，并沿着弧线飞出去，如图4-4所示。我们站在木星上看宇宙飞船，飞船飞向木星的速度为v_0，飞出木星的速度依然为v_0，大小不变。实际上木星是在绕着太阳公转的，速度为v_1。因此我们站在太阳上观察木星时，飞船飞向木星的速度为$v_{入}$，飞离木星的速度为$v_{出}$。以太阳为参照物，飞船飞离木星时的速度大于飞向木星时的速度，飞船增速最大可以达到木星速度的两倍。利用引力弹弓的方法可以节约大量能源并在较短的时间实现加速。在20世纪70年代，太阳系给我们提供了一次百年一遇的机会，木星、土星、天王星、海王星四颗气态星球几乎位于太阳同一侧，发射的探测器可以利用四颗行星的引力弹弓效应进行加速，还可以同时探测四颗行星，将探测时间由30年缩短到12年。美国宇航局于1977年发射的旅行者一号是迄今飞离地球最远的人造探测器。

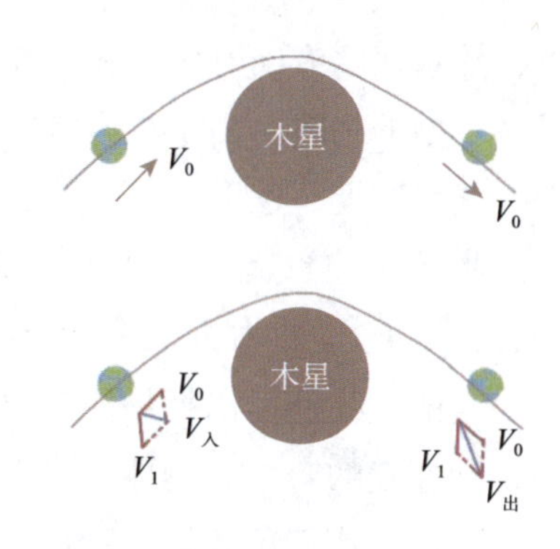

图4-4　引力弹弓示意图

中国古代力学智慧

在中国古代，人们对力和运动就有了一定的认识。在春秋战国时期成书的《考工记》中有这样的记载："马力既竭，辀犹能一取焉。"意思是，马已经停止用力，车还能向前继续运动一段距离。古人已经注意到惯性这一现象，马车不受拉力也能向前运动。战国时期《墨经·经上》对力进行了描述："力，形之所以奋也。"说明力可以改变物体的运动状态。

小试牛刀

以不同的速度将小球水平抛出，小球分别沿着不同的曲线轨迹运动，分别测量它们的落地时间并进行比较。

第 2 节　怎样赢得铅球和标枪比赛?

生活物理

铅球和标枪是体育比赛中较常见的两种曲线运动（见图 4-5）。2021 年 8 月 1 日，在东京奥运会赛场上，32 岁的中国运动员巩立姣以 20.58 m 的成绩获得中国奥运史上铅球比赛第一枚金牌，也是中国田径历史上田赛的第一金。几天之后，27 岁的刘诗颖以 66.34 m 的成绩夺得中国奥运史上标枪比赛第一枚金牌。铅球运动起源于 14 世纪 40 年代欧洲炮兵玩的推炮弹游戏。1896 年和 1948 年，男、女铅球运动分别被列入奥运会比赛项目。1908 年和 1932 年，男、女标枪运动被列入奥运会比赛项目。为了将铅球或者标枪投掷得更远，需要哪些技巧呢?

图 4-5　铅球和标枪运动

科学实验

某科学小组制作了排球投掷器（见图 4-6），主要是利用压缩弹簧的原理将排球投掷出去。通过调节弹簧的压缩长度就可以控制排球发射的初始速度，还可以调节发射筒的角度。实验发现，改变弹簧的压缩长度或者发射筒角度都会影响排球的发射距离。如何才能将排球投掷到最远距离或者投掷到目标水桶中呢?

图 4-6 排球投掷器示意图

原来如此

假如我们以相同大小的初始速度将排球发射出去。如果初速度与水平地面的夹角较大，那么排球将在竖直方向上有一个较大的速度分量，排球就可以在空中运行较长时间。但是此时排球的水平速度分量较小，导致排球运行距离较小。例如在极端情况下，将排球竖直上抛，则排球的水平速度分量为 0。虽然排球在空中运行时间最长，但是水平运行距离为 0，排球将落回原地。假如水平抛出排球，这样将得到最大的水平速度。此时排球在竖直方向初始速度为 0，排球在空中运行时间等于排球从相同高度进行自由落体所用时间。虽然水平方向上分速度最大，但是运动时间较短。

如图 4-7 所示，假设排球发射筒与目标水桶在同一水平面，排球的初始速度为 v_0，忽略空气阻力。排球斜向上抛出，与水平面的夹角为 θ，则排球的竖直分速度为 $v_0\sin\theta$，排球在空中飞行时间为 $2v_0\sin\theta/g$。排球在水平方向的初始速度为 $v_0\cos\theta$，在水平方向的运行距离 $S=2v_0^2\sin\theta\cos\theta/g=v_0^2\sin2\theta/g$。当 $\theta=45°$ 时，S 最大，为 v_0^2/g，通过调节角度 θ 可以得到不同的投掷距离。

考虑到排球抛出点和目标点一般并不在同一高度，我们要进行高处抛物路径分析。如图 4-8 所示，在水平方向上的运动距离 S 满足方程 $S=v_0t\cos\theta$，在竖直方向上的运动距离 H 满足方程 $H=-v_0t\sin\theta+1/2gt^2$。通过计算就可以得到抛出距离 S 最大时夹角 θ 所满足的条件，为

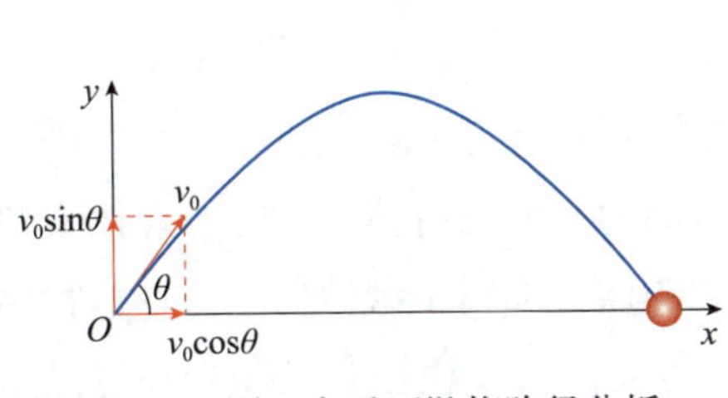

图 4-7　同一水平面抛物路径分析

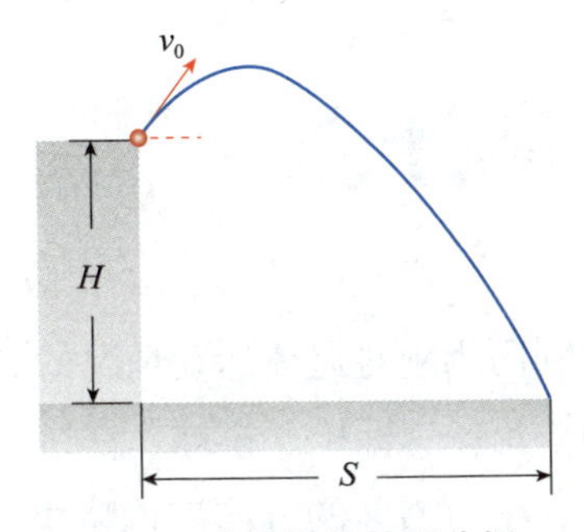

图 4-8　高处抛物路径分析

$$\theta = \arcsin \frac{v_0}{\sqrt{2v_0^2 + 2gH}}$$

从公式中可以看到，S 最大时，$\theta<45°$。如果排球落点高度差较小，抛出速度较大，$2v_0^2>>2gH$，则 $\theta\approx45°$ 时，S 最大。如果落点高度差很大，$\theta\approx0°$，只需要平抛就可以了。

在进行篮球比赛的时候，篮筐位于一个更高的高度，那么此时，两个方程便成了 $S=v_0t\cos\theta$，$H=v_0t\sin\theta-1/2gt^2$。通过计算就可以得到 S 最大时 θ 所满足的条件，为

$$\theta = \arcsin \frac{v_0}{\sqrt{2v_0^2 - 2gH}}$$

从公式中可以看到，S 最大时，$\theta>45°$。如果篮球运动员很高，那么不需要太大的角度就可以投出较远的距离。经过计算就可以得到篮球抛出的最大距离 S，为

$$S = \frac{v_0}{g}\sqrt{2v_0^2 - 2gH}$$

篮球运动员身高越高，H 越小，在相同条件下，能投出更远的距离。因此，在不考虑技术的情况下，身高较高的篮球运动员在比赛中具有天然的优势。这样我们就知道为什么篮球运动员普遍较高了。当然，为了弥补身高的缺陷，可以在发球速度、命中准确率、跑步速度等方面进行提高，一样可以赢得比赛。

思维拓展

如何赢得体育比赛

利用刚刚对抛体运动情况的分析可以助力我们赢得体育比赛。在体育比赛项目中，铅球、标枪、排球、铁饼、篮球、链球等都属于抛体运动。在进行铅球比赛时，抛出铅球的方向应该略小于45°，运动员可以根据自己的身高算出适合自己的最佳速度方向。而在标枪比赛中，助跑速度在很大程度上决定了标枪的初始速度，因此运动员需要在跑出最快速度的同时，调整标枪抛出的角度。在链球比赛中，运动员松手时，球沿着切线方向抛出，所以运动员转动链球所在的平面和脱手的位置尤为重要。在实际比赛中，当物体运动速度较快或者存在自转等情况时，空气阻力等的影响将不可忽视。我们可以利用编程等工具对其进行计算得到运动轨迹。例如，在打乒乓球时发出旋转球，由于马格努斯效应，球的运动轨迹变得更复杂，使得对手更难判断球的方向，助力赢得比赛。关于这方面的知识将在下一节进一步分析。

科学中国

投石器

中国古代的投石器（也称为“炮”）就是抛体在军事上的典型应用。《范蠡兵法》中记载:“飞石，重十二斤，为机发，行三百步。”根据文献推断，投石器的出现不晚于汉朝。《后汉书·袁绍刘表列传》中记载:“绍为高橹，起土山，射营中，营中皆蒙楯而行。操乃发石车击绍楼，皆破，军中呼曰‘霹雳车’。”从中看到，投石器在东汉末年已经大量装备，且加装车轮，加强了其机动性。北宋时期成书的《武经总要》中详细记载了单梢炮和炮车的制造方法（见图4-9）。到南宋时期，投石器的制作和战术使用达到了一个新的高峰，投石器不但能投石弹，还能投火药弹。1161年，发生在胶州湾的宋金水战，李宝依靠霹雳炮带领宋朝水军以3000人120艘战舰击沉并缴获完颜郑家带领的战舰600艘，全歼敌军50 000人。

图 4-9 《武经总要》记载的单梢炮和炮车

小试牛刀

1. 尝试设计制作一个小型投石工具，进行远处目标投掷。思考如何才能使其更准确地命中目标。

2. 我们抛出的篮球的运动轨迹还可能和哪些因素有关？尝试用计算机编程的方法验证你的设想。

第 3 节　你会踢“香蕉球”吗?

生活物理

你有没有想象过自己驰骋在世界杯赛场上，足球可以按照自己的意念绕过对手，画个美丽的弧线直奔球门？听起来好像是天方夜谭，足球怎么会自己转弯呢，毕竟足球不会思考，又没有安装发动机。但是，1997 年 6 月 3 日，在法国里昂举行的四国赛中，就出现了这样一个诡异的进球。当时是东道主法国队对阵巴西队，在第 21 min，巴西队在前场 35 m 开外获得直接任意球机会，其后卫卡洛斯一记漂亮的弧线球石破天惊，成为足球史上最漂亮的直接任意球破门之一，如图 4-10 所示。这个当时被称为世界足球史上最诡异进球的弧线球，在即将向右偏转出界的一刹那，突然向左倾斜进入球门，守门员甚至没来得及做出任何反应，在球门前呆住了。足球在射门过程中的行进路径是沿着一条弯曲的弧线，就像香蕉一样，故被称为“香蕉球”。足球为什么会走曲线射门呢？这其中包含了哪些物理学原理呢？

图 4-10　“香蕉球”曲线射门

科学实验

准备两张白纸，平行举起，向两张纸中间吹气，可以看到纸向中间靠近。在一个锥形玻璃漏斗里放置一个乒乓球，当将漏斗倒置向下吹气时，乒乓球并没有被吹下去，反而牢牢“吸”在漏斗里。将一枚硬币放在桌面上，嘴对着硬币上方吹气，硬币会跳起来（见图 4-11）。

为什么会发生上述现象呢？

图 4-11　气体流动对物体受力的影响

原来如此

下面，我们来揭开这神秘的面纱。“香蕉球”的形成主要归功于两个方面，一是球被空气包裹着，而空气是流体；二是球在旋转。这背后的物理原理为：流体在流动过程中产生的压强大小是会变化的。流体速度越大的位置，压强越小。

先看几个简单的例子体会一下。在“科学实验”中，两张白纸之所以向中间靠拢，是因为向中间吹气时，空气流动速度变大，进而导致白纸之间的大气压强变小，两张白纸“吸”在了一起。向漏斗中吹气时，在乒乓球上方形成气流，使得乒乓球上方的空气流速增大，气压减小，从而使乒乓球下方的气压大于上方的气压，将乒乓球托了起来。同样的，硬币之所以能够跳起来，也是由于硬币上方空气流速增大。足球在射门时，气压又经历了哪些过程呢？

图 4-12 是足球场上利用“香蕉球”射门的一个简单模型。足球运动员将球踢出，球沿着逆时针方向旋转。足球在旋转过程中，好像一个旋转的传送带，会带动足球周围的空气与球沿着相同方向旋转，在足球周围形成一个环绕气流。足球被踢出去时，相对于空气向球门运动，而站在足球上看，相当于空气向足球吹了过来。假设足球周围的环绕气流速度为 v_0，空气相对于足球的平动速度为 v。

足球左侧的空气流动速度与环绕气流的运动方向相同，叠加速度为 $v+v_0$。相应的，足球右侧的空气流动速度与环绕气流的运动方向相反，叠加速度为 $v-v_0$。足球在射门时既有转动，又有平动。由于足球左侧的空气流速大于右侧，因此左侧的气压小于右侧的，这样足球在水平方向上受到的合力方向向左，在射门过程中将沿着曲线方向前进，形成“香蕉球”。我们知道，类平抛运动的轨迹由初速度和加速度大小共同决定。与此类比，“香蕉球”的运动弧线形状会受足球初始速度以及转动速度等因素共同影响。

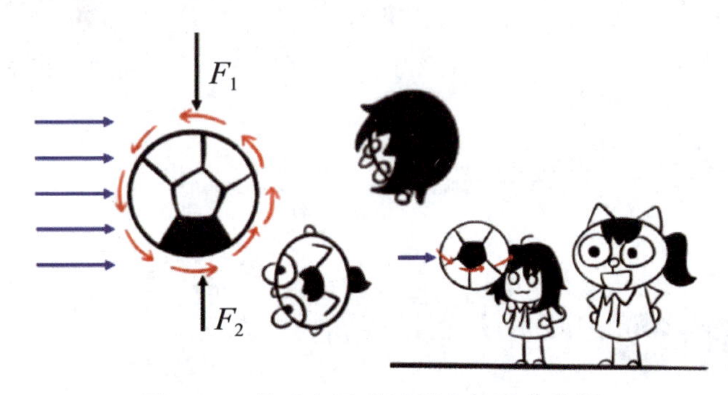

图 4-12　足球在运动过程中的受力分析

思维拓展

伯努利原理

丹尼尔·伯努利是数学物理方法的奠基人，流体力学之父。丹尼尔观察到生活中一个不起眼的现象：打开水龙头后，水流的直径比水龙头的出口直径小。丹尼尔认为这是因为水流产生的压强小于周围空气的压强，所以流出水龙头后水柱的直径变小。丹尼尔进行了大量的实验后验证了自己的猜想，结果表明：水流动时，产生的压强比静止时小，水的流速越大，压强越小。这个结论推广到气体中也是成立的，这就是著名的**伯努利原理**。

1. 伯努利方程发展趣事

1738 年，丹尼尔在《流体动力学》一书中给出了伯努利原理的等价数学表达式——伯努利方程。丹尼尔在彼得堡科学院工作时的助手欧拉——数学史上的顶级大神——自作主张，将浅显直白的伯努利方程升级为微分形式，让其看起来更高端。伯努利家族第三代外传弟子柯西也为了体现自己在数学家族的存在感，提升伯努利方程的格调，将伯努利方程升级为九维张量方程。柯西将流体力学中的三维受力增加到九维应力，使得这个方程的格调提高了一个大台阶，也“吓”退了九成的流体力学爱好者，没被“吓”走的科学家也只能望着这个方程发呆。法国力学家纳维和英国数学家斯托克斯在此基础上合力推出纳维－斯托克斯方程，简称 N–S 方程。从此，科学家们望着这个流体力学方程认真思考了 155 年。这个非线性偏微分方程的求解非常困难，就连方程的推导者纳维和斯托克斯也无可奈何。N–S 方程在三维空间的光滑解被美国克雷数学研究所设定为七个千禧年大奖难题之一。在计算机问世及迅速发展以后，N–S 方程的求解才取得较大进展。如果你对这个方程感兴趣，请查阅相关材料进一步探究吧。

2. 掌握伯努利原理，踢出“香蕉球”“落叶球”不是梦

如今，我们在看足球比赛时，已经不仅仅会看到“香蕉球”射门，还会看到“落叶球”“电梯球”。“落叶球”在靠近球门时会突然下沉，就像一片枯叶从树上落下，进入球门。“落叶球”与“香蕉球”类似，依靠的原理都是伯努利原理，足球在运动过程中都发生了旋转。不同的是，“香蕉球”的旋转是水平方向的旋转，而“落叶球”的旋转方向是竖直的。“落叶球”中，足球下部旋转气流方向和气体流动方向一致，使得足球下方的空气流速大，压强小。首次踢出“落叶球”的是巴西球员瓦德米尔·佩雷拉，世界上著名的“落叶球专家”有意大利足球运动员德梅特里奥·阿尔贝蒂尼、安德烈亚·皮尔洛和巴西的儒尼尼奥·佩南布卡诺。2010 年 6 月 5 日，国足与法国队在法属留尼汪岛进行的友谊赛中，邓卓翔踢出的弧线落叶球绝杀前世界冠军法国队。

在足球运动中见到的“电梯球”与前两种球的最大差别在于没有发生旋转。“电梯球”在射门时，球速非常大，而足球受到空气阻力的大小与速度的平方成正比，因此“电梯球”在射门过程中，由于受到重力和阻力的共同作用，在靠近球门时，就像急剧下降的电梯，接近垂直射门。标准的“电梯球”最早由巴西球员儒尼尼奥踢出，擅长这种踢法的还有哈斯勒、阿尔贝蒂尼、皮尔洛、C. 罗纳尔多、德罗巴、大卫·路易斯等。在 2010 年德乙联赛第四轮的一场比赛中，中国球员邵佳一凭借一个优美的弧线电梯球帮助科特布斯在客场 3：2 逆转亚琛。

3. 应用伯努利原理趋利避害

伯努利原理不仅仅在足球运动场上大放异彩，在我们生活中也处处发挥着不同的作用，有的是对我们有利的，有的却是我们需要避免的。飞机之所以能够在天空中飞行，是因为利用了飞机机翼上方空气流速大、压强小的原理。草原犬鼠建造的“空调房”，实现了地下洞穴的通风，如图 4-13 所示。相应地，利用这一原理，我们通过对地下隧道结构形状的特殊设计实现隧道的自然通风，节约能源。日常所见的喷雾器的工作原理也是伯努利原理。

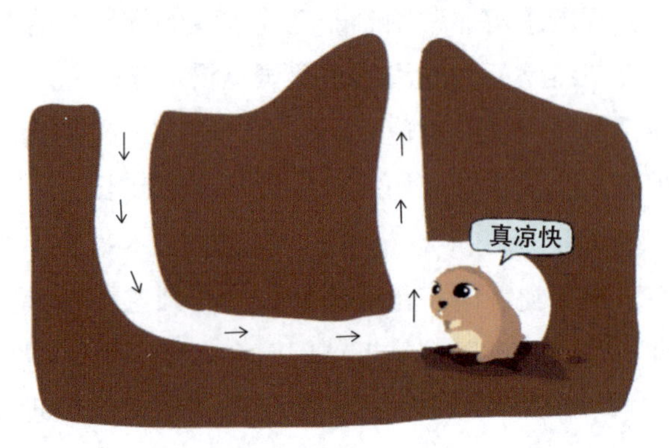

图 4-13　草原犬鼠的“空调房”

1912 年秋天，“奥林匹克号”轮船在大海上航行，一艘比它小得多的铁甲巡洋舰“豪克号”看到这艘巨轮就追了上来，想与它并驾齐驱。结果在相距 100 m 的地方并列行驶时，“豪克号”突然撞向“奥林匹克号”。这场重大海上事故让警察也迷失了方向。不懂物理学的海事法庭更是判决“奥林匹克号”存在过失，使其蒙受冤屈。这件奇案的罪魁祸首实际上就是流体力学中的伯努利原理。并排行驶的舰艇中间海水的流速较大，使得水的压强减小。由于海水压强的差异，会将舰艇推向中间相撞，发生安全事故。

我们在铁路站台上时，需要与正在进站的列车保持安全距离。这是因为正在进站的列车会带动两侧的空气高速流动。空气流动时，气压减小。如果我们距离站台太近，人前侧的空气流速大、压强小，人后侧的空气流速小、压强大，这样会将人推向列车，发生危险。贸然下水到湍急的河流中也是非常危险的，这是因为河水受到河岸的阻力作用，导致水流速度在岸边较小，在河流中间较大，使得河流中间水的压强较小，水的压强差会将人推向河中间的危险区域，使人难以上岸。

流体力学在航空等领域也发挥了巨大的作用。流体在不同运动速度下会表现出差异较大的力学性质。例如飞机在接近音速时会发生强烈振荡，形成音爆，威胁飞行安全。航空安全水平的提高需要一代代人的不懈努力。

发挥我们的聪明才智，让自己的智慧在科技进步的道路上贡献一份力吧。

小试牛刀

1. 你能在台球中打出弧线球吗？请查阅相关资料并试一试吧。

2. 请尝试画出“香蕉球”“落叶球”的受力分析示意图，并分析影响“电梯球”运动轨迹的因素有哪些。

第 4 节　急转弯的路面为什么是倾斜的?

生活物理

从流体压强中感受了旋转物体的奇妙之处后，让我们来感受一下物体转弯时的科学魅力吧。你有没有发现，城镇之间的公路，在遇到车道转弯时，路面总是向内倾斜的。如果你骑的是脚踏三轮车，有时候还怕翻车。实际上不仅在公路转弯处，铁路轨道在转弯时也是这样的倾斜结构。列车为什么不怕翻车呢，难道其中有什么魔力?

科学实验

我们来进行这样一个实验：拿一根约 1 m 长的绳子，一端系上装水的小桶，一端紧握在手中，按照图 4-14 中的轨迹快速抡绳子。你会惊奇地发现，小桶在最高点时，虽然桶口是倒置的，但是水却丝毫没有洒出来。难道桶中的水由于速度太快“忘记”下落了吗? 当然，这并不是什么魔术，让我们一起来看看其中蕴含的科学道理吧。

图 4-14　转起来的水桶

原来如此

我们现在想象有一个小球在绕着 O 点匀速转动，如图 4-15 所示，小球运动的速度为 v。根据牛顿第一定律知道，一切物体在没有受到力的作用时，总保

持静止状态或匀速直线运动状态。物体运动状态包括速度大小和方向，小球运动的速度大小虽然没有变，但是运动方向却一直在改变。是什么力改变了小球的运动方向呢？

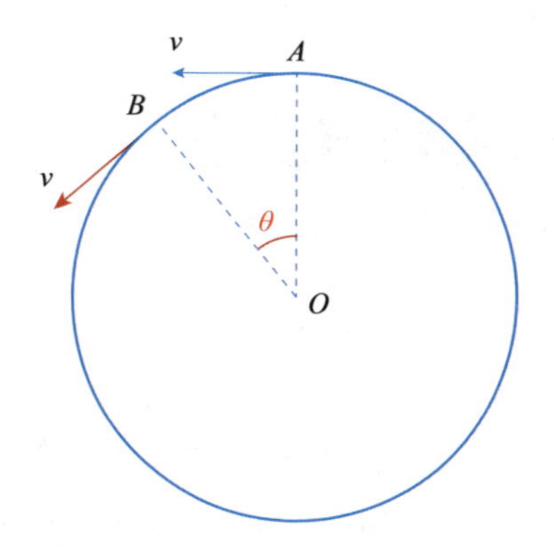

图 4-15　圆周运动速度的改变

之前我们提到过力和物体运动方向相同时，物体做加速运动；力和物体运动方向相反时，物体做减速运动。如果力的方向和物体运动方向不在同一条直线上，此时物体就不能再沿着原来的方向运动了，会发生转弯。我们知道力是可以进行分解的，力的方向和物体运动方向不在同一条直线上的时候，可以将力分解为沿着运动方向和垂直于运动方向的两个分力。沿着运动方向的分力会让物体加速或者减速，垂直于运动方向的分力会让物体拐弯。如果是匀速的圆周运动，那么只有垂直于运动方向上的力就可以了。我们称这个力为**向心力**，它的方向指向圆心。向心力是从作用效果上来讲的，并不是对物体新增加了一个力，而是其他的某些力充当了向心力这个角色。

让我们回顾刚刚进行的水桶实验。水跟着水桶在转动的过程中，也在进行圆周运动。在最高点时，水在竖直方向受到了水桶施加的向下的压力和竖直向下的重力。水桶施加的向下的压力和水受到的重力共同充当了向心力这个角色。正是在这些力的作用下，水改变了运动方向，绕着圆心转动。这样我们抡起转动的水桶，水便不会洒出来了。

同样分析可知，在公路急转弯时，如果汽车的速度较快，需要较大的向心力才能改变汽车的运动方向。如果路面是水平的，那么需要由汽车轮胎与地面的摩擦力来扮演向心力的角色。如果摩擦力不够大，不足以提供向心力，那么汽车就会向外侧滑，发生危险。急转弯路面的倾斜设计使得斜向上的支持力可以分担一部分向心力，使得车辆行驶更安全。骑脚踏三轮车急转弯时有侧翻的感觉，是由于速度不够大，需要给脚踏三轮车提供的向心力太小了。铁路轨道急转弯时的倾斜设计也是为了使列车运行更安全。

思维拓展

向心力对生活的影响

根据我们前面的分析知道，所有转动的物体都需要有力来提供向心力，这样才能保证在转动过程中改变速度方向。例如我们在游乐场玩的旋转木马、摩天轮等。常见的石拱桥也应用了这个原理。石拱桥之所以被修建成凸起来的拱形而不是凹下去的形状，是由于车辆在桥上运动的过程中，车辆所受重力会分出一部分来提供向心力，使车辆对拱桥的压力变小，从而延长桥的使用寿命。而如果建成凹形的，将会使桥面承受的压力增加。

我们在学习重力加速度时知道，g 值随着纬度的减小而减小。这是由于在靠近赤道的地方，地球自转产生的线速度较大，地球对物体的引力有更多部分提供了向心力，导致 g 值减小。一般情况下，赤道附近的物体受到的重力要比南北极小 0.5% 左右。嗯——你是不是想到了一个减肥的办法？原来去赤道体重可以变轻呀。

科学中国

中国空间站

航天器在轨道中运行的过程中，万有引力为其提供向心力，使其绕着地球转动。2021 年 4 月 29 日，长征五号 B 遥二运载火箭搭载中国空间站天和核心舱，在海南文昌航天发射场发射升空，开启了中国空间站建设的序幕。2022 年，中国陆续发射天舟四号货运飞船、神州十四号载人飞船、问天实验舱、梦天实验舱，空间站三舱形成 T 字基本构型。随后，发射天舟五号货运飞船和神州十五号载人飞船，实现航天员在轨轮换。

中国空间站（见图 4-16）轨道倾角约 42°，高度 350～450 km，绕地运行一周约 90 min。利用空间站可开展空间生命科学与生物技术、微重力流体物理与燃烧科学、空间材料科学、微重力基础物理等多领域的科学实验。早在 2018 年，中国就发布中国空间站国际合作机会公告，邀请世界各国参与中国空间站国际合作，开展科学研究。中国空间站向所有联合国会员国开放，是历史上的首次。这展示了中国开放、和平、共赢的太空合作理念，为全人类谋福利。

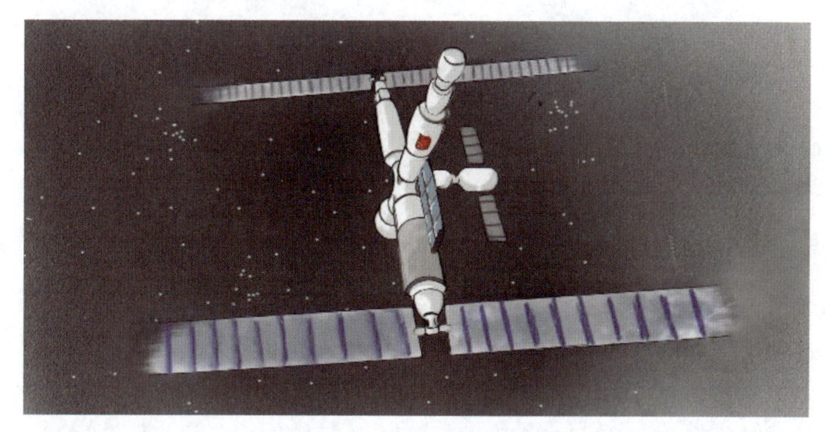

图 4-16　中国空间站

2021 年 12 月 9 日，航天员翟志刚、王亚平、叶光富变身“太空教师”，在中国空间站首次进行太空授课。2022 年 3 月 23 日，他们又进行了第二次太空授课，为广大青少年带来了精彩的太空科普，传播载人航天知识和文化，让更多的人认识中国航天事业。

小试牛刀

1. 荡秋千时，在什么位置时绳索最容易发生断裂？

2. 如何设计一个航天器，可实现太空中的人造重力呢？说一下你的想法吧，也许太空中的航天员也能实现游泳自由了呢。

第5节 “焦虑”的巴黎大炮

生活物理

前面我们在利用牛顿运动定律分析问题时，需要选取惯性参考系，即参考系没有加速度。但是在某些场景中，所选参考系并不能当成惯性参考系，那么物体在运动过程中会有哪些不一样的地方呢？在第一次世界大战的法国战场上，德军为了攻击巴黎而制造了超远程大炮，被称为巴黎大炮。大炮的炮管长度为 36 m，相当于 12 层楼的高度，炮弹射程可以达到 130 km，高度 42 km。但是在大炮使用初期，炮弹落点总是偏向预定目标右侧。后来经过工程师对炮的矫正后才避免这一情况。为什么会出现这种现象呢？

科学实验

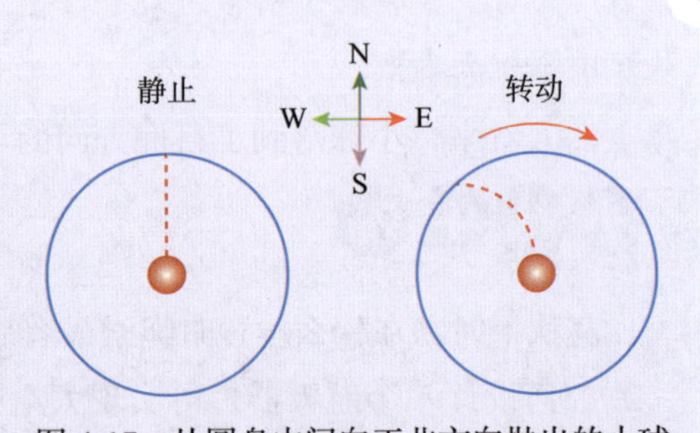

图 4-17 从圆盘中间向正北方向抛出的小球

现在我们来进行一个实验：有一个静止的圆盘，在圆盘中间站立一个人。圆盘中间的人向圆盘边缘扔一个小球，小球将很容易命中目标。小球运动路线在圆盘上的阴影形成的轨迹是一条直线。因为小球在水平方向上是不受力的，所以小球在水平方向上的速度大小和方向都保持不变。现在我们让圆盘转动起来，仍然重复上面的实验，会发现小球落在圆盘上的位置会发生变化（见图 4-17）。这种情况我们仍然容易理解，毕竟圆盘在转动。假设我们选取转动的圆盘为参照物，那么小球在圆盘上的阴影形成的轨迹是一条曲线。小球在空中时只受到向下的重力，并没有受到水平方向的力。以圆盘为参考系，小球在水平方向运动状态发生变化的原因是什么呢？

我们可以选取任何物体当作参照物，然后分析其他物体的运动状态。如果我们选取的参照物处于静止或匀速直线运动状态，没有加速度，那么这种参考系称为惯性参考系。选取不同的惯性参考系时，对物体的受力分析没有什么不同。例如，不管选取静止的跑道还是选取匀速直线运动的列车为参照物，篮球的运动都可以直接用牛顿运动定律进行分析判断。试想，在路边放一个篮球，有一列车从远处加速向篮球靠近。以静止的道路为参考系，篮球受到重力和支持力，处于静止状态。再以加速靠近的列车为参照物，列车上的乘客看到篮球在水平方向是加速靠近过来的。明明篮球在水平方向上不受力，为什么篮球会加速靠近呢？

在这种情况下，没办法用牛顿运动定律进行分析。如果还想用牛顿运动规律进行分析，我们必须给篮球叠加一个力，称为惯性力。我们继续考虑前面提到的转盘，如果转盘沿顺时针方向旋转，在转盘上的人看来，小球落到了目标方向的左侧，就好像小球受到了一个往左的力而方向发生偏转，这个假想的力就是**科里奥利力**。我们给小球叠加科里奥利力后，在转动参考系下仍然可以按照牛顿运动规律分析物体的运动状态。如图 4-18 所示，从圆盘中心水平抛出的小球质量为 m，初速度为 v，圆盘顺时针匀速转动，角速度是 ω。在这种情况下科里奥利力 $F=2m\cdot v\cdot\omega$。

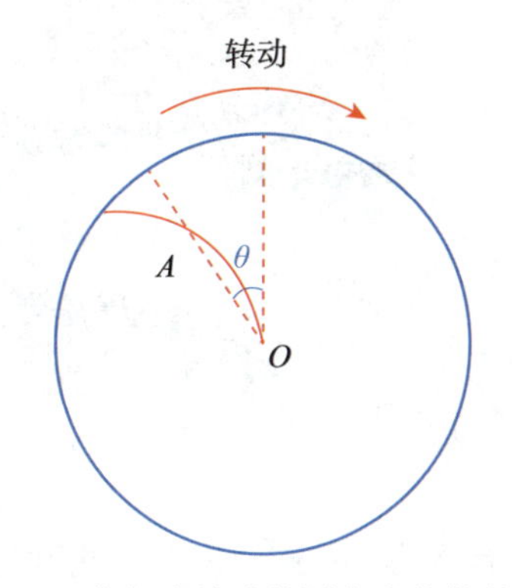

图 4-18　在匀速转动的圆盘中物体的运动

前面提到的巴黎大炮使用初期炮弹落点偏右，是因为德国位于巴黎的北方，地球自西向东转动，以转动的地球为参照物，在科里奥利力的作用下，炮弹落在预定目标右侧。那你知道工程师是如何矫正大炮方向的吗？

思维拓展

河岸、台风、风带与科里奥利力

由于地球的自转，流动的河流也会受到科里奥利力的影响。在北半球，河流的右侧岸边受到冲刷程度要比左侧更严重一些（见图 4-19）。这也导致很多河岸右侧比较陡峭，适合建设码头，更利于发展航运，有利于城市贸易的发展。而在南半球则相反，左侧的河岸会受到更严重的冲刷。这是由于我们从北极的上空俯视地球，地球就好像一个逆时针转动的圆盘，而从南极上空俯视地球，地球则是顺时针旋转的。

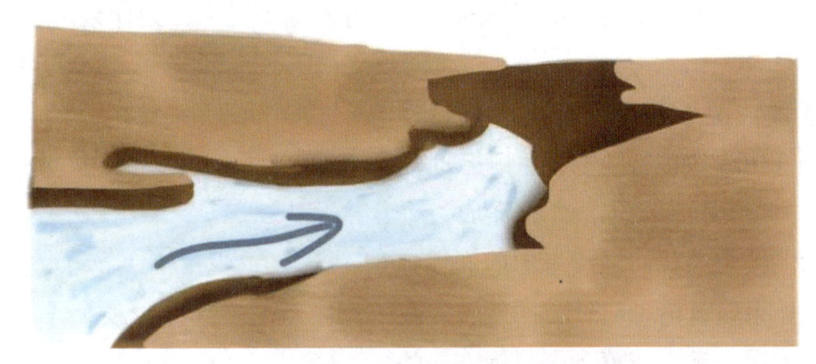

图 4-19　北半球河岸右侧受冲击更严重

台风是一种热带低压气旋，中间的低压中心导致的压力差驱使空气从周围流向低压中心。而由于科里奥利力的存在，在北半球，空气在向低压中心流动过程中又向右侧偏转，形成逆时针方向的涡旋。而在南半球形成的台风则是沿着顺时针方向转动。南北半球台风旋转方向不同，是不是台风无法跨过赤道的原因呢？

我们从地球气压带和风带图（见图 4-20）上可以看到，位于北半球的东风带、西风带、信风带的风向并不是直接由高气压带指向低气压带，而是向右有所偏转，而位于南半球的风向偏转方向是向左。这也是由风在运动过程中受科里奥利力的影响造成的。

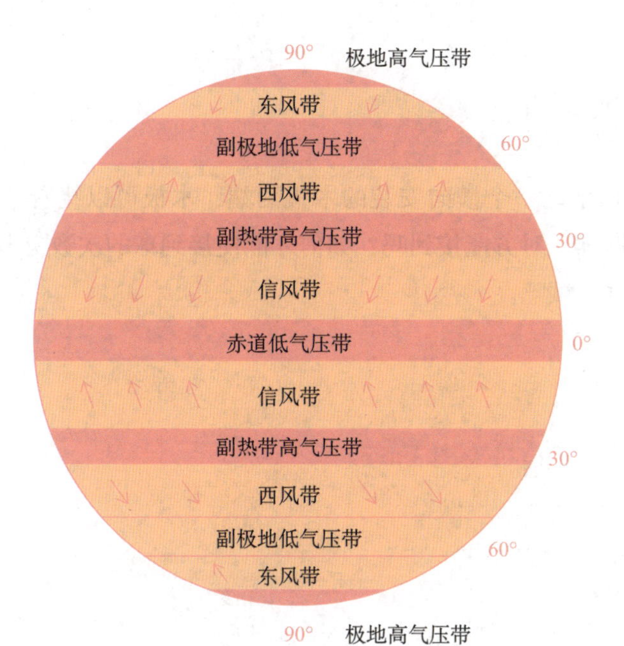

图 4-20　地球气压带和风带示意图

傅科摆

在北京天文馆的老馆正厅安装了一个巨型的单摆——傅科摆，其示意图如图 4-21 所示。傅科摆是用一根长约 10 m 的钢丝将一个 100 kg 的铅球悬挂起来。这个单摆在摆动过程中，除了受重力和钢丝拉力外，不受其他力的作用。单摆在摆动过程中会发生偏移，说明其受到了地球自转的影响。在北京地区，摆的摆动平面转动一周的时间略大于 37 h。纬度越低，转动一周所需的时间越长。

图 4-21　傅科摆示意图

小试牛刀

两个人分别坐在一个横向安装的木板两端，木板可以绕着中心在水平面转动。两人互相抛球，对方能接到吗？如何才能使接到球的次数更多？改变木板的转动方向，再试一试吧。

第 5 章

万有引力让宇宙不致散架

第1节　宇宙的中心在哪里？

生活物理

如果是晴天，那么太阳就会从东边升起，在西边落下；月亮也如此，每月十五的晚上，我们总能看到一轮满月挂在天上。人们就根据身边每天发生的最简单的天文现象，着手构建宇宙的图景。古希腊学者亚里士多德认为地球是不动的，太阳、月亮、行星和恒星都以圆周轨道围绕地球公转。他相信，某些神秘的原因使地球成为宇宙的中心。当然，现在我们知道这个认识是片面的，地球并不是宇宙的中心，在浩瀚星空中，它甚至算不上典型的一颗星球，它只不过是浩瀚星海的一个小点。实际上，没有哪个星球、恒星或者星系能够算作典型，因为宇宙的大部分空间是空的。在星空中，真正典型的是广袤、寒冷的真空，那里很荒凉，处于永夜。与之相比，行星、恒星和星系显得稀缺而美丽。如果我们被随机抛入宇宙某处，那么落在行星或者附近的概率小于$1/10^{33}$，可见星球多么稀少，但我们人类是多么幸运，因为我们生活在这颗蔚蓝色的星球上。

那么，宇宙的图景到底是怎样的？人类对宇宙的认识经历了一个怎样的历程呢？让我们追随科学家的足迹一起去探寻吧！

科学探索

地球是圆的

众所周知，我们居住的地球是圆的。但是，在科学技术还很落后的远古时代，人们是如何认识这一点的呢？

早在公元前350年，在《论天》一书中，对于地球是一个圆球而不是一块平板的观念，亚里士多德就给出了这样的论证：从月食现象中观察到，地球在月亮上的影子总是圆的，这种情况只有在地球本身为球状的前提下才成立。如果地球是一块平坦的圆盘，那么除非月食总是发生在太阳正好位于这个圆盘中心的正下方的时刻，否则地球的影子就会被拉长而成为椭圆形。

科学实验

如图 5-1 所示，在暗室中用点光源照射不透明圆球和圆板，观察墙壁上影子的形状。改变不同角度照射圆球和圆板，影子的形状有无变化？

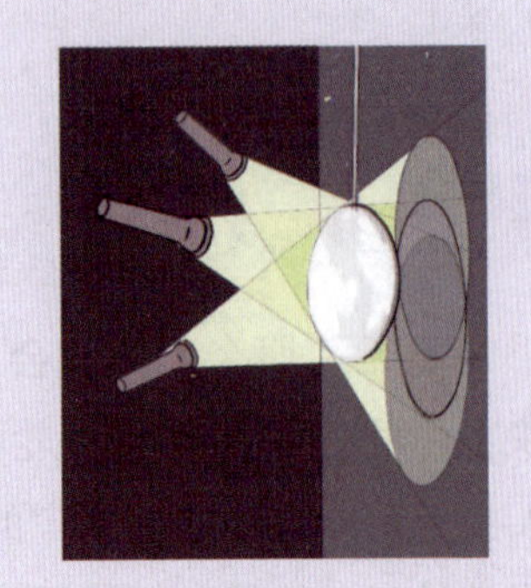
图 5-1　从不同方向照射的光的影子

原来如此

我们站在海边眺望一望无垠的大海，渐渐地一面船帆的一角映入我们的眼帘，它慢慢地露出全貌，显示出整个船身。这是为什么呢？早在古希腊时期人们就认为这可以为地球是圆的提供佐证。他们这样思考：如果地球表面是平的，那么，我们应该从一开始就看到整个船身；只有地球表面呈圆弧状，才能很好地解释：为什么从地平线方向驶来的船总是先露出船帆，然后才露出船身（见图 5-2）。

图 5-2　远处的帆船

1. 地心说

地球是宇宙的中心，而圆周运动是最完美的。公元 2 世纪，这个思想被希腊人托勒密精制成一套完整的宇宙学模型（见图 5-3）。在托勒密构建的宇宙体系中，地球处于正中心，月球、太阳以及水星、金星、火星、木星和土星等绕着地球运转。当然，为了解释行星的“逆行”，他不得不在这些行星轨道的大圆上再加上一些小周转圆；为了解释月亮有时看起来大，有时看起来小，还不得不假定月亮的运行轨道是变化的，有时离地球近，有时离地球远。尽管托勒密体系并不完美，而且错误很多，但是值得强调的是，在托勒密之前或之后的 1400 年内，没有其他关于宇宙结构的理论在解释和预言方面达到与托勒密体系接近的程度。也就是说，托勒密建立的宇宙模型虽然在今天看来是完全错的，但是它对于解释行星逆行具有巨大贡献。

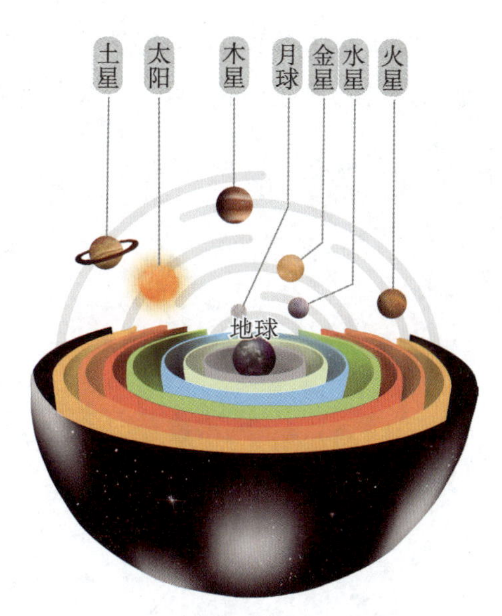

图 5-3　托勒密的宇宙学模型

2. 日心说

接下来该哥白尼出场了。在 16 世纪，哥白尼提出太阳是宇宙的中心，即日心说。哥白尼体系跟托勒密体系在很多方面其实是相似的，最大的不同是地球和太阳的位置发生了对调。哥白尼认为所有恒星与宇宙中心的距离都是相等的，也都镶嵌在所谓的恒星球面上。与在托勒密体系中一样，这个恒星球面就是宇宙最远的边界。哥白尼描述的宇宙比托勒密的大，哥白尼体系中也运用了周转圆、均轮和偏心圆。哥白尼和托勒密生活的年代相差了近 1400 年，其间出现了很多新的天文学观察结果，已有的一些观察结果得到了修正，还出现了几个新的但错误的观察结果。总的来讲，哥白尼所拥有的数据和托勒密的数据是非常相似的，而且哥白尼也必须尊重正圆事实和匀速运动的事实，这依然禁锢着他，这一观点的打破我们在下一节再谈。

哥白尼模型（见图 5-4）摆脱了托勒密的天球模型以及宇宙存在着自然边界的观念的影响。由于恒星之间的相对位置几乎固定不变，只存在它们整体由于地球围绕地轴自转而引起的穿越整个天穹的视运动，我们很自然地联想到，不动星是和太阳类似的天体，只是较太阳离我们远得多。

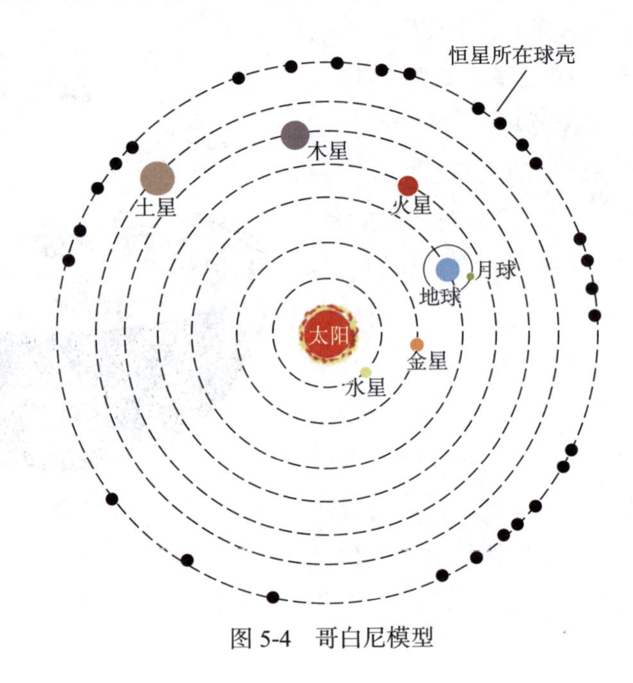

图 5-4　哥白尼模型

3. 宇宙没有中心

当人们具备了一些基本的物理学知识后，可能会认为日心说与地心说相比，似乎只不过是参考系的改变。其实，这是一次真正的科学革命，因为它使人们的自然观和世界观发生了重大变革。首先，它认为地球是不断运动的天体，打破了古代那种认为天体和地球截然不同的观点。其次，它破除了绝对运动的概念。引入了运动相对性的概念。更为重要的是，宇宙中心的可转移最终引发宇宙根本就没有中心的观念，即使封闭，但弯曲的宇宙也可以没有中心。

意大利学者布鲁诺超越了哥白尼，把这种无限宇宙的观念宣扬出来，今天的科学已经确认这种观念，但当年的布鲁诺却为此被宗教裁判烧死在罗马的鲜花广场上，为科学付出了生命的代价。

中国古代的宇宙理论

中国的天文学研究从殷商起，直到 16 世纪欧洲近代自然科学兴起，一直处于世界领先地位。中国是世界上天文观测最早、最完整的国家。例如，中国古代有一千多次日食和一百多次太阳黑子记录，其中公元前 776 年的日食和公元前 28 年的太阳黑子记录是世界上关于日食和太阳黑子的最早记载；公元前 613 年的彗星记录是世界上对哈雷彗星的最早记录，公元 1054 年，记载的金牛星座的客星——超新星爆发（现代天文学中蟹状星云是它的遗迹）对现代天文学中超新星爆发的研究有重要参考价值。中国古代关于宇宙结构的学说也创立得较早，在古代，人们出于直观的感觉对天穹产生一些（蒙胧的）概念，随着生产发展和天文观测材料的日积月累，人们认识了天体运行的一些规律，并试图对它们做出理论的概括，产生了关于天和地的关系、宇宙的本原、宇宙的结构和大小、宇宙的演变和发展等种种推测，这就是关于宇宙结构的问题。中国古代关于宇宙结构的学说有许多种，其中最具代表性的是盖天说、浑天说、宣夜说三种学说。虽然这些学说用现代的眼光来看显得很不成熟，它们对自然现象的解释也很不科学，但从人类认识自然的过程和对现代天文学的发展来看，研究它们是有重大的现实意义和历史意义的。

小试牛刀

宇宙没有中心，也就意味着宇宙无边界。那么，关于宇宙的起源有哪些观点呢？你比较认同哪些观点？请查阅文献进行研究。

第 2 节　地球的运行轨道竟然不是圆

生活物理

地球的运行轨道竟然不是圆，而是椭圆！这是如何被人们认识到的？当然，我们不能在地面参考系直接观测地球的公转，但我们可以借助对跟地球一样的其他行星（如离地球较近的火星）的运行轨道的观测来推测地球的运行轨道。天文观测史上，科学家们就是这么做的。

科学探索

1. 第谷——天才观测家

哥白尼去世三年后，第谷·布拉赫出生了。第谷是人类历史上最伟大的、用肉眼观测天上行星运行轨道的人，而且他留下了非常丰富的手稿。第谷非常熟悉哥白尼体系，而且承认，相对于托勒密体系，哥白尼体系在某些方面更有优势。与当时大多数天文学家相同，第谷也发现大多数证据所指向的结果都是地球是静止的。因此，从现实主义者的角度看，哥白尼体系不可能是宇宙的正确模型。为什么呢？哥白尼认为地球绕着太阳转，而所有人认为这个是不可能的，因为大家没有感觉到地球在转（其中一个理由是：如果地球在转，我们会头晕，会感受到风。没有风，没有头晕，所以这不可能）。于是第谷凭借自己的能力发展出一个体系，其中既包括哥白尼体系得到认可的优势，又保留了地球是宇宙中心的观点，其实是综合了地心说和日心说的优点。

根据第谷体系（见图 5-5），地球是宇宙的中心，恒星球面同样被定义为宇宙的边界，月球和太阳绕着地球运转，但行星围绕太阳转动。因为月球和太阳绕着地球转，所以保证了地球不动。但是那些行星绕着太阳转，这就解决了前面所说的托勒密体系里所遇到的复杂的周转圆、逆行等问题。从数学角度看，第谷体系是等同于哥白尼体系的。基于这一点，第谷体系在预言和解释我们曾经讨论过的经验数据方面与哥白尼体系是等效的。

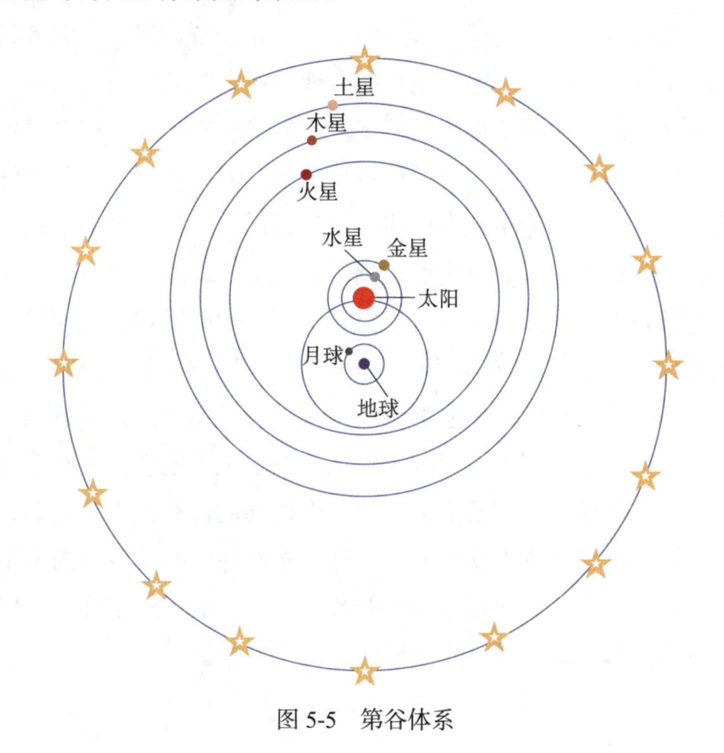

图 5-5　第谷体系

在第谷的科学生涯中，真正的贡献和声誉在于，他是一位天才的观测家。在他之前，人们知道的天体位置的精度大约为 10′，第谷把这个不确定性减小到 2′，他精确地确定了 777 颗星体的位置，并修订了火星的测量数据，直至今天，测量数据也仅仅是对他的结果的些微修正。他测量的数据的精确度在天文学历史上开创了一个新的时期。

2. 开普勒——天才数学家

开普勒是一个数学天才，他宣称“我要解开苍天和大自然的歌喉，以使它们再次歌唱”。1600 年，开普勒开始与第谷一起工作。这位善于从理论上思考问题的科学家，为了完成构建理论宇宙学的追求需要第谷的天文数据；而第谷为了把自己的数据组织成有用的形式，需要开普勒的数学天分，他们走到一起是科学的一大幸事。

但是，18 个月之后第谷去世了。第谷把他所有的观测结果手稿全都给了开普勒。开普勒要利用这些手稿做一件非常了不起的事，就是“读懂上帝所思”。开普勒是一个虔诚的教徒，他认为这个世界一定是上帝创造的，但是我们没法精密地解读上帝是怎么构造的。因此他在努力地思考上帝到底是怎么创造这个宇宙的。开普勒实际上几乎得到了正确的答案。他最终提出了一个体系，不仅在预言和解释方面完全准确，而且比任何其他可选体系都简单得多。除此之外，从现实主义者的角度看，开普勒体系似乎描述的正是月球和行星运动的模式。开普勒体系基于日心说。开普勒对日心说观点的偏爱部分源于他的学生时代。那时候他的老师是哥白尼体系的一个热情支持者，与几乎所有他同时代的人相同，开普勒最初也坚定地相信正圆事实和匀速运动事实。然而到了 17 世纪初期，开普勒意识到，所有以匀速运动为基础的体系都无法解释已经观测到的火星运动。因为那时候火星被观测到的次数更多了，第谷也给他提供了很多数据，此时他开始研究其他使火星可以在其轨道不同位置上以不同速度运动的体系。不久之后，开普勒得出结论：所有仅以正圆轨道为基础的体系都无法解释已经观察到的火星运动。因此，他开始探索不同形状的轨道。最终开普勒发现，椭圆轨道和行星以变化的速度沿椭圆轨道围绕太阳运动可以完美地解释火星的数据。

思维拓展

开普勒及其行星定律

开普勒先后于 1609 年和 1619 年发表了行星运动的三个定律，他因此被称为“天空的立法者”。

1. 开普勒第一定律

开普勒摒弃了正圆事实和匀速运动事实。1609 年，开普勒发表了他关于火星运动的模型——火星沿椭圆轨道以变化的速度运动。不久之后，开普勒把这个模型拓展到其他的行星。行星围绕太阳沿椭圆轨道运行，太阳占据椭圆轨道两个焦点之一的位置（见图 5-6），这通常被称为开普勒第一定律。

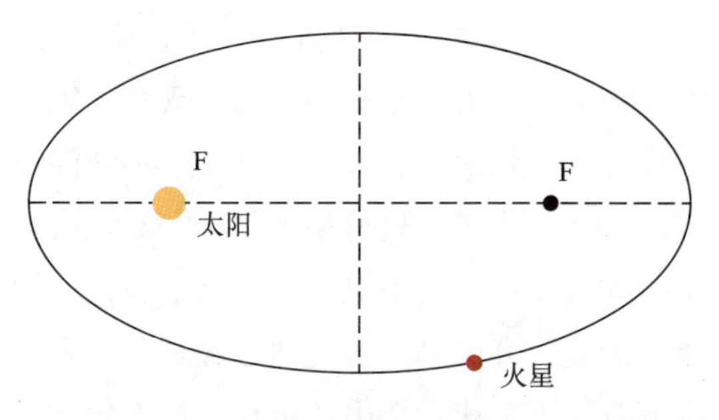

图 5-6　开普勒第一定律模型

2. 开普勒第二定律

开普勒还发现了第二定律。如果以行星为起点画一条直线和太阳连起来，那么这条直线在相等的时间内扫过的面积相同（见图 5-7），这被称为开普勒第二定律。开普勒用这一定律来计算火星运动的速度。计算结果跟观测到的火星的运转速度是一样的。由于行星在其轨道上的某个点处距离太阳更近，因而当行星运行到其轨道的这个部分时，运行速度就会更快，而当它运行到其轨道距离太阳更远的部分时，运行速度会更慢。换句话说，根据开普勒第二定律，行星的运动不是匀速的，相反，在其轨道的不同阶段，行星运行的速度会发生变化。

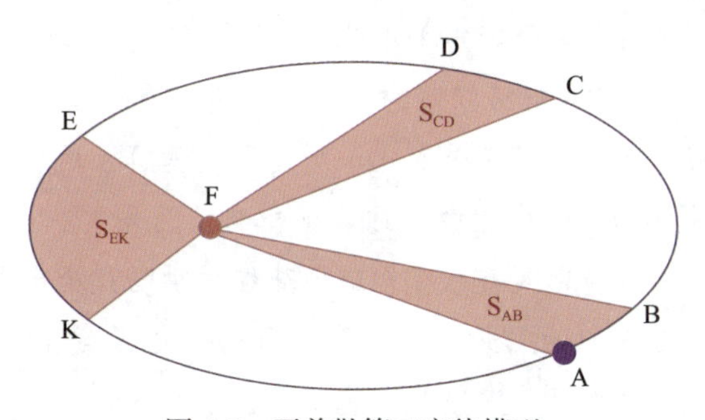

图 5-7　开普勒第二定律模型

3. 开普勒第三定律

开普勒第三定律描述为：行星绕太阳运动轨道的半长轴 a 的立方与行星运动周期 T 的平方成正比。

开普勒体系没有使用周转圆、均轮等复杂的概念，开普勒体系中每个行星只有一个椭圆形轨道，仅此而已，无比简洁，无比美好。这不禁让我们想起了爱因斯坦说过的一句话:“这个宇宙最可怕的地方，就是它竟然可以被理解。”开普勒可以用如此简洁的方式将对宇宙的理解表述出来。现在大家看到这一步一步的进步了吗？从地心说到日心说，到地心、日心杂合说，再到椭圆形轨道理论。

开普勒定律并非只适用于火星，也适用于地球等其他已知的行星和未知的行星。当发现新的行星（如天王星、海王星、冥王星）时，它们的轨道运动也遵从开普勒定律。更为重要的是，开普勒三大定律已经传达了重大的天机，蕴涵着更为简洁、更为普遍的万有引力定律。个中的奥秘，被牛顿破解出来。

科学中国

中国古代对天体运动的研究

《尚书纬·考灵曜》中记载:“地有四游，冬至地上行北而西三万里，夏至地下行南而东三万里，春秋二分是其中矣，地恒动而人不知，譬如闭舟而行不觉舟之运也。春则星辰西游，夏则星辰北游，秋则星辰东游，冬则星辰南游。地与星辰四游，升降于三万里之中。”

《尚书纬·考灵曜》是谁写的，如今已无从考究。最早引用这段话的是东汉末年的郑玄，他在《隋书·经籍志》中载有“《尚书纬》三卷，郑玄注”。这说明《尚书纬·考灵曜》肯定是东汉以前的书，而作者在那时就已经明白了，地球在宇宙空间中绕太阳运行产生了四季变化，更是深刻理解了运动的相对性。更令人惊奇的是，西晋《博物志》中记载，这段话出自《河图》一书。《河图》是伏羲时代的远古著作，那时的古人就已经知道地球在运动吗？秦代法学代表人物李斯在《仓颉篇》中说了一句话:“地日行一度，风轮扶之。”我们能不能理解为地球在宇宙空间中运动，每天行一度呢？由此可见，中国的古人在久远的时代就观天象并初步形成了地球公转的论断。

小试牛刀

利用一条细绳和两只图钉可以画椭圆。如图 5-8 所示，把白纸铺在木板上，然后按上图钉。把细绳的两端系在图钉上，用一支铅笔紧贴着细绳滑动，使细绳始终保持张紧状态。铅笔在纸上画出的轨迹就是椭圆，图钉在纸上留下的痕迹是椭圆的焦点。保持绳长不变，当两焦点不断靠近时，椭圆形状如何变化？ 焦点重合时，半长轴转变为什么？

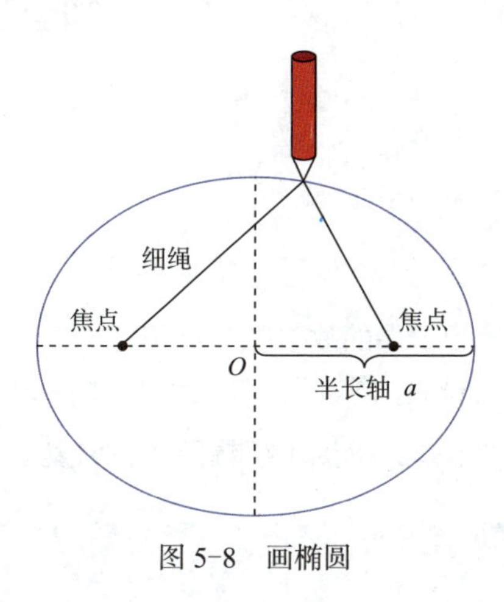

图 5-8　画椭圆

第 3 节　地球为什么会吸引苹果?

生活物理

牛顿的苹果

想必大家都听过牛顿和苹果的故事吧？英国纪念牛顿的《自然哲学的数学原理》出版 300 周年文集的封面用的就是一个苹果。图 5-9 所示为牛顿家乡故居旁的苹果树。相传一个苹果下落，砸到了牛顿的头，引发了他对万有引力的思考。

图 5-9　牛顿家乡故居旁的苹果树

这个故事最著名的讲述者是法国启蒙哲学家伏尔泰。关于牛顿发现万有引力的经过，伏尔泰写道："1666 年，他（牛顿）退隐到剑桥附近的乡下，有一天在自己的花园里散步，看到有水果从树上掉下来，便陷入了对重力的沉思…… 使重物坠落的力量是一样的，不管是在地下多深处，也不管是在多高的山上，都不会有明显的减小，为什么这力量不会一直延伸到月球上呢？如果这力量真的一直深入月球，从表面上看，难道不正是它使月球保持在其轨道上吗？"

伏尔泰所写的故事来自牛顿的外甥女凯瑟琳·康迪特——牛顿同母异父的妹妹汉娜·斯密思之女。凯瑟琳的丈夫约翰·康迪特曾有意撰写一部牛顿的传记，很早就开始注意记录牛顿与其他人的谈话，并在牛顿逝世后收集了其他人对他的回忆。我们现在读到的牛顿轶事大多来自他们当时收集的资料。

有人曾对牛顿和苹果的故事质疑，其实苹果有没有真的砸到牛顿的头上并不重要，重要的是牛顿确实由苹果的落地开始了对万有引力的思考。牛顿的同乡威廉·司徒克雷证实了这一点。司徒克雷说："他（牛顿）告诉我，在过去，正是在相同的情景下，重力的概念进入他的头脑。这是由一个苹果落地引起的，而当时他正坐着沉思默想。他思量，为什么苹果总是垂直地摔在地上，为什么它不斜着跑或者向上跑，而总是跑向地球的中心呢？"的确，原因是地球吸引苹果。在物质中必定有吸引力存在，地球的吸引力总和一定指向地球的中心，而不指向地球的任何一侧，所以苹果会垂直地向地球中心下落。如果物质之间如此吸引，吸引力一定与物质的量成比例。因此，苹果吸引地球，和地球吸引苹果一样，存在一种力量，像我们所说的重力，它通过宇宙延伸自己。

万有引力及其发现

开普勒定律被发现之后，人们开始更深入地思考：是什么使行星绕太阳运动？历史上科学家的探索之路充满艰辛。伽利略、开普勒及笛卡儿都提出过自己的解释。

牛顿时代的科学家，如胡克和哈雷等对此做出了重要的贡献。胡克等人认为，行星绕太阳运动是因为受到了太阳对它的引力，甚至证明了如果行星的轨道是圆形的，那么它所受引力的大小跟行星到太阳距离的二次方成反比。但是由于关于运动和力的清晰概念是由牛顿建立的，当时还没有这些概念，因此他们无法深入研究。牛顿在前人对惯性研究的基础上，开始思考"物体怎样才会不沿直线运动"这一问题。他的回答是：以任何方式改变速度（包括改变速度的方向）都需要力。这就是说，使行星沿圆或椭圆运动，需要指向圆心或椭圆焦点的力，这个力应该就是太阳对行星的引力。于是，牛顿利用他的运动定律把行星的向心加速度与太阳对它的引力联系起来了。

行星绕太阳的运动可以看作匀速圆周运动。行星做匀速圆周运动时，受到一个指向圆心（太阳）的引力，正是这个引力提供了向心力，由牛顿运动定律和开普勒定律可推知，太阳与行星间的引力与行星的质量 m 成正比，与行星到太阳的距离的平方成反比，即 $F \propto \frac{m}{r^2}$。我们知道，力的作用是相互的。太阳吸引行星，行星也同样吸引太阳，也就是说，在引力的存在与性质上，行星和太阳的地位完全相当，因此，行星与太阳的引力也应与太阳的质量 M 成正比，即 $F \propto \frac{Mm}{r^2}$。太阳与行星间引力的方向沿着二者的连线的方向。

遵从相同规律的引力

地球绕太阳运动，月球绕地球运动，它们之间的作用力是同一种性质的力吗？这种力与地球对树上苹果的吸引力也是同一种性质的力吗？牛顿进行了月—地检验。假设地球与月球间的作用力和太阳与行星间的作用力是同一种力，它们的表达式也应该满足万有引力，可提供向心力。根据牛顿第二定律，月球绕地球做圆周运动的向心加速度 $a_{月} \propto \frac{1}{r^2}$（式中 r 是地球中心与月球中心的距离）。进一步，假设地球对苹果的吸引力也是同一种力，同理可知，苹果的自由落体加速度 $a_{苹} \propto \frac{1}{R^2}$（式中 R 是地球中心与苹果间的距离，可近似看作地球直径）。由以上两式可得 $\frac{a_{月}}{a_{苹}} = \frac{R^2}{r^2}$。由于月球中心与地球中心的距离 r 约为地球半径 R 的 60 倍，所以 $a_{月}$ 约为 $a_{苹}$ 的 1/3600。

在牛顿生活的时代，人们已经能够比较精确地测定自由落体加速度，也能够比较精确地测定月球与地球的距离、月球公转的周期，从而能够算出月球运动的向心加速度，且计算结果与预期相符。这表明，地面物体所受地球的引力、月球所受地球的引力，以及太阳、行星间的引力，真的遵从相同的规律！

第二代牛顿苹果树

牛顿家乡的苹果树被移栽到世界各地的许多著名学术机构。生长在天津大学的牛顿苹果树是中国唯一的第二代苹果树。2007 年春，伍尔斯索普庄园将“牛顿苹果树”的枝条捐赠给天津大学，并由英国国家信托基金会的代表签署了有关文件，以证明天津大学的牛顿苹果树的真实身份。

小试牛刀

已知自由落体加速度 g 为 9.8 m/s^2，月球中心距离地球中心的距离为 3.8×10^8 m，月球公转周期为 27.3 d，约 2.36×10^6 s。根据这些数据，能否验证前面的假设？

第 4 节　跑多快可以溜出太阳系？

生活物理

“旅行者”出太阳系了吗？

2013 年，北京时间 9 月 13 日 2 时，美国国家航空航天局（NASA）在官网宣布：美国旅行者 1 号（Voyager 1）正式成为第一个进入星际空间的人造物体。“旅行者”项目首席科学家斯通说：“旅行者 1 号已经离开太阳风层，在宇宙海洋各恒星间遨游。”这个飞行了 36 年的空间探测器距离太阳大约为 1.9×10^{10} km（截至 2013 年 9 月 9 日，旅行者 1 号距太阳约 126 个天文单位，1 个天文单位为太阳与地球的平均距离，约 1.5×10^{8} km）。其实，新的数据显示，旅行者 1 号已于 2012 年进入了星际空间。虽然它仍受太阳引力的影响，但美国权威专家认为进入星际空间是历史性飞跃，其意义堪比麦哲伦第一次环球航行或阿姆斯特朗首次登月。

那么，跑多快可以溜出太阳系呢？让我们从逃离地球的引力开始讨论这个话题。

在 100 年前，送人去太空还是天方夜谭。现在，经常会有火箭带着卫星或者其他探测器飞上太空，人们早就习以为常了。那把人类几千年的飞天梦想变成现实，谁功不可没呢？估计很多人会不约而同地想到牛顿——世界上最伟大的科学家之一。牛顿不仅在力学方面做出了开天辟地的贡献，在数学、光学等领域也做出了极为重要的贡献。人们通常把非常厉害的人“神化”，当成神一样供奉，对待牛顿也不例外。他的墓碑上就刻着这样的字：“自然和自然的规律隐藏在茫茫黑夜之中。上帝说，让牛顿降生吧。于是，一片光明。”由于人们对牛顿的敬仰无处存放，干脆就把“牛顿”这个名字变成了力学单位。

原来如此

宇宙速度

要飞上太空，首先要摆脱地球引力。牛顿提出：要摆脱地球引力，物体至少要达到“环绕速度”，即第一宇宙速度。这个速度也是航天器发射的最小速度。

在 1687 年出版的《自然哲学的数学原理》中，牛顿设想：把物体从高山上水平抛出，速度一次比一次大，落地点也就一次比一次远；抛出速度足够大时，物体就不会落回地面，而成为人造地球卫星，如图 5-10 所示。你知道这个速度究竟有多大吗？

图 5-10　牛顿的设想

我们可以从运动和受力分析入手，用万有引力定律和牛顿第二定律求解。物体在地球附近绕地球运动时，太阳的作用可以忽略。在简化之后，物体只受到指向地心的引力作用，物体绕地球的运动可视作匀速圆周运动。地球对卫星的引力提供其绕地球运动所需的向心力。地球引力像一根无形的绳子，牵引着月球和人造地球卫星环绕地球转动。在地面附近发射飞行器，理论上来讲，如果速度达到 7.9 km/s，飞行器就可以围绕地球做圆周运动而不落回，这一速度即地球的第一宇宙速度，它是最小发射速度，也是卫星环绕地球运行的最大环绕速度。

速度等于 7.9 km/s 时，飞行器只能围绕地球做圆周运动，还不能脱离地球引力的束缚，飞离地球实现星际航行。理论研究指出，在地面附近发射飞行器，如果速度大于 7.9 km/s，又小于 11.2 km/s，则飞行器绕地球运行的轨迹就不是圆，而是椭圆。当飞行器的速度等于或大于 11.2 km/s 时，它就会克服地球的引力，永远离开地球，或者说地球的引力束缚不了它了。我们把 11.2 km/s 叫作**第二宇宙速度**。达到第二宇宙速度的飞行器还无法克服太阳对它的引力。在地面附近发射飞行器，如果要使其挣脱太阳引力的束缚，飞到太阳系外，速度必须等于或大于 16.7 km/s，这个速度叫作**第三宇宙速度**。三个宇宙速度的示意图如图 5-11 所示。

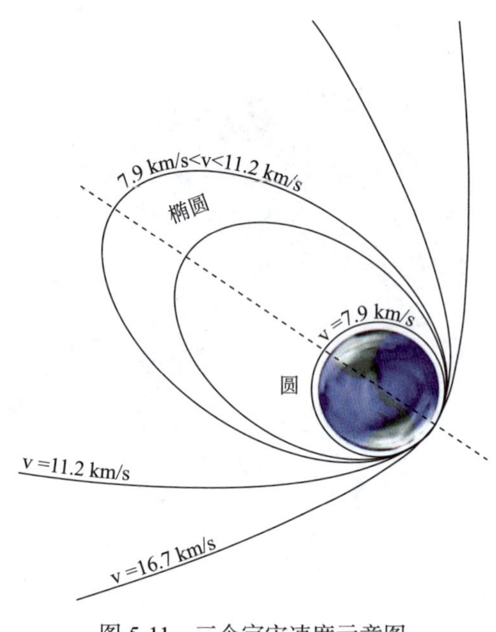

图 5-11　三个宇宙速度示意图

人造地球卫星

虽然牛顿早就预言了人造地球卫星，但是因发射需达到很大的速度，这对于人类是一个巨大的挑战。直到多级火箭研制成功，才为人造地球卫星的发射创造了条件。1957 年 10 月 4 日，世界上第一颗人造地球卫星发射成功。自首颗人造地球卫星发射后，人类已经发射了数千颗人造地球卫星，目前在轨有效运行的卫星有上千颗，其中的通信、导航、气象等卫星极大地改变了人类的生活。

地球同步卫星位于赤道上方约 36 000 km 处，因相对地面静止，也称静止卫星。地球同步卫星与地球以相同的角速度转动，周期与地球自转周期相同。

航天圆梦

1970 年 4 月 24 日，中国第一颗人造地球卫星“东方红一号”发射成功，开创了中国航天史的新纪元。为中国航天事业做出特殊贡献的科学家钱学森被誉为“中国航天之父”。

近些年，中国航空航天事业突飞猛进。天宫，亦名紫薇宫，是中国神话传说中天帝居住的宫殿。九重天之上，仙岛林立，气象万千。如今，神话成为现实：在浩瀚星空与蓝色地球之间，“天宫”缓缓飞行，中华儿女漫步太空，自信的身影映照着人类科技的光辉。

2003 年 10 月 15 日 9 时，中国神舟五号宇宙飞船把航天员杨利伟送入太空。飞船绕地球飞行 14 圈后安全降落。这标志着中国成为世界上能够独立开展载人航天活动的国家。除了载人航天工程，中国还在许多方面进行着太空探索。2013 年 6 月，神舟十号分别完成与天宫一号空间站的手动和自动交会对接。2016 年 10 月 19 日，神舟十一号完成与天宫二号空间站的自动交会对接。2017 年 4 月 20 日，中国又发射了货运飞船天舟一号，入轨后与天宫二号空间站进行自动交会对接、自主快速交会对接等三次交会对接及多项实验。2022 年 10 月 31 日，长征五号 B 遥四运载火箭托举中国空间站梦天实验舱升空。很快，梦天实验舱与天和核心舱、问天实验舱组合体完成组装建造，形成 T 字形基本构型，建成国家太空实验室。从“曙光”到“西昌航天”，再到“中国空间站”，中国“天宫”千年梦圆！

地球是人类的摇篮，但是人类不会永远生活在摇篮里。尽管人类已经跨入太空，登上月球，但是，相对于宇宙之宏大，地球和月球不过是茫茫宇宙中的两粒尘埃；相对于宇宙之久长，人类历史不过是宇宙年轮上一道小小的刻痕……未来的探索之路还很长。

小试牛刀

宇航员王亚平老师曾在天宫课堂授课中分享了一个奇妙的现象：每天都能看到 16 次日出。请尝试解释。

第 5 节　我们为什么要去火星？

生活物理

最近 20 多年以来，几乎每一个发射窗口都有火星探测器发射，多个国家计划实施火星探测任务。首先解释一下“发射窗口”。它是指发射运载火箭的一个比较合适的时间范围（即允许运载火箭发射的时间范围）。这个范围的大小亦叫作发射窗口的宽度。窗口宽度有宽有窄，宽的以小时计，甚至以天计算，窄的只有几十秒，甚至为零。发射窗口是根据航天器本身的要求及外部多种限制条件，经综合分析计算后确定的。由于太阳、地球和其他星体的相对位置在不断变化，即使发射同一类型、同一轨道的航天器，其发射窗口也是不固定的。明白了这个道理，就能理解为什么航天器的发射有时在早晨，有时在傍晚，有时在白天，有时在夜里。

那么，人们为什么对火星情有独钟？

火星一直是人类走出地月系统开展深空探测的首选目标。首先是由于相较于其他行星，火星距离地球较近。从地球飞到火星需要 6～10 个月，而到木星则需要飞行 7 年，到水星也需要花费数年时间。其次是太阳系共有八大行星，火星的自然条件与地球最为类似。从工程实践来看，火星探测相对于其他的行星探测也更容易实现。以往的探测发现了火星上存在水的证据，火星上是否存在孕育生命的条件以及火星是地球的过去还是地球的未来，成为火星研究的重大科学问题。研究火星对认识地球演变具有非常重要的比较意义。

科学探索

1. 人类对火星的认识

火星（见图 5-12）是距离太阳第四近的行星，也是太阳系中仅次于水星的第二小的行星，为太阳系里四颗类地行星之一。欧洲古称火星为“马尔斯”，即古罗马神话中的“战神”，也称其为“红色星球”。古汉语中则因为它荧荧如火，位置和亮度时常变动而称它为荧惑。其外表为橘红色是因为地表被赤铁矿（氧化铁）覆盖。火星的直径约为地球直径的一半，自转轴倾角和自转周期则与地球相近，但公转周期是地球的两倍。火星大气以二氧化碳为主（占 95.3%），既稀薄又寒冷，地表遍布撞击坑、峡谷、沙丘和砾石，没有稳定的液态水。其南半球是古老、充满撞击坑的高地，北半球则是较年轻的低地平原。火星上最大的火山为奥林帕斯山，最大的峡谷为水手号峡谷。火星有两个天然卫星：火卫一和火卫二，其形状不规则，可能是火星捕获的小行星。在火星观察到类似地下水涌出的现象，南极冰冠有部分退缩，雷达数据显示两极和中纬度地表下存在大量的水冰。

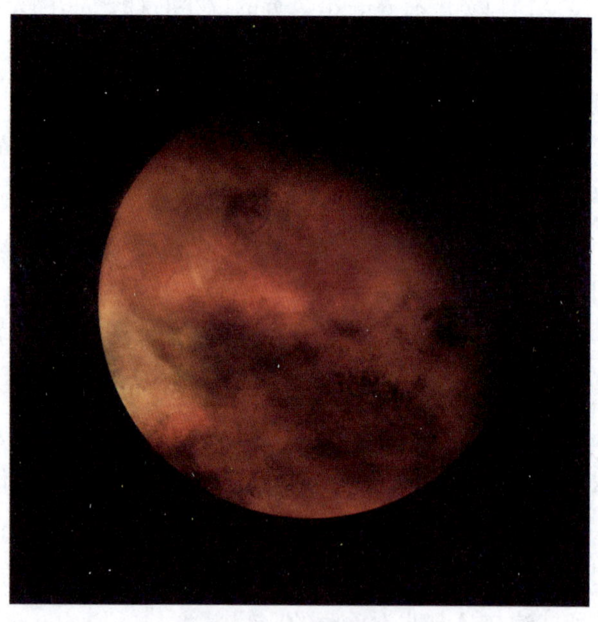

图 5-12　火星绘画

2. 人类去火星面临的难题

火星探测工程的最大特点是距离远、环境新。首先，火星离地球最远 4×10^8 km，从地面上发送一项指令，探测器要在 23 min 后才能执行，这就给我们的测量、控制带来了新的难题。第二个挑战是环境新。航天器设计的逻辑是先了解要去的环境，然后通过各种技术、手段、措施来保障航天器适应环境，但深空探测的特点是要去一个尚不确知的环境。尽管我们已成功实现月球的软着陆，但火星和月球的环境截然不同，给探测器的设计带来很大难度。火星探测的关键环节非常多，发射段、捕获段、两器分离、着陆过程中的气动减速等，每一个环节都面临各种挑战。其中最为关键和核心之处就是探测器进入火星大气后的着陆过程。由于地球与火星距离遥远，整个过程无法由地面实时控制，必须依靠探测器自主完成。这一过程被人们形容为“黑色七分钟”。着陆器进入火星大气层的速度高达18 000 km/h。超高速摩擦将会产生高温，经历了上千摄氏度高温的考验后，降落伞将帮助火星车进行减速。随后，火星车将开启全自动驾驶模式，自主完成减速、悬停，避开火星表面的复杂地形后，缓缓降落至火星表面。

中国的火星探测

2021年5月15日，科研团队根据祝融号火星车发回的遥测信号确认，天问一号着陆巡视器成功着陆于预选着陆区，中国首次火星探测任务取得圆满成功。

航天科技集团五院火星探测器总设计师孙泽洲说：“此次我国火星探测任务起点高、技术跨度大，探测器研制中关联性异常复杂。这次任务最核心、最难的地方就是探测器进入火星大气后气动外形和降落伞减速的过程，只有一次机会，必须确保成功。”

火星车着陆后干什么呢？天问一号探测器分为环绕器和着陆巡视器。着陆巡视器在火星乌托邦平原南部预定区域实施软着陆。“到达火星不是目的，尽可能获得有效科学探测数据才是目标。”围绕火星环绕的环绕器搭载了7台科学仪器，火星车则携带了6台载荷。对于环绕器与着陆器要开展的探测工作，专家做了形象的归纳：一是照相，去了之后总要看看火星长什么样，要传回火星图像；二是测物质，火星表面有什么物质，构成成分是什么；三是测环境，携带的这类仪器数量最多，探测火星的磁场环境、离子与中性粒子、高能离子等情况；四是看内部，尽管只是探测浅层的地质结构，也是大家关注的焦点，火星地下的分层结构如何，到底有没有水冰的存在等；五是看气象，火星上的温度变化到底怎么样，可以测风、测温、测气压，还能听听火星上有什么声音。

中国首次火星探测任务于2016年正式立项，经业界专家分析研判，最后提出一步实现“绕、着、巡”的工程目标。火星探索的起步，代表了中国在深空探索领域已确定了下一个方向，在火星使命牵引下的新一轮创新，对实现航天技术领域新跨越、推动中国由航天大国走向航天强国意义重大。

小试牛刀

如果未来人类登陆火星，就要将它改造为宜居星球，请查阅资料论述人类登陆火星的可能与面临的挑战。

第 6 章

探寻能量与动量的转换关系

第1节　为什么没有永动机？

生活物理

始于18世纪60年代的工业革命以机器取代人力，以大规模化工业生产取代了个体手工生产，提高了社会生产效率。利用机器设备可以在短时间内创造巨大的社会财富，也给工厂带来了丰厚的利润。机器设备工作的时候需要消耗大量的煤炭、燃油、电力等能源。如果有一种机器，可以不消耗燃料或能源，便可以源源不断地对外做功，进行生产，那就可以大幅压缩成本，创造巨大财富。早在13世纪，人们就开始尝试研究这样的机器，但都以失败告终（见图6-1）。1775年，法国科学院宣布拒绝审理永动机设计方案。1990年，美国法院判定专利部门不再接收任何永动机专利申请。永动机的设计花费了大量的人力、物力等社会资源，造成巨大的社会浪费。为什么永动机是不可能实现的呢？

图6-1　享内考永动机、达·芬奇永动机和流水落差永动机示意图

科学探索

在18世纪初期，一些科学发现使人们开始认识到，能量之间是可以进行转换的。例如，伏打电池的发明使人们认识到化学能可以转换为电能；电流的磁效

应和电磁感应现象证明了电能和磁能之间是可以互相转换的。那么不同能量之间的转换有什么规律呢?

做功是系统和外界传递能量的一种方式。在不考虑热传递的情况下，做功的多少与系统能量的变化有什么关系呢?英国物理学家焦耳进行了一个著名的实验。图 6-2 所示的图中左部分，密闭隔热的容器中装有水和可转动的叶片，叶片用细线和重物连接。重物在下落的过程中带动叶片搅动水，导致水温升高。把水和叶片看成一个整体，其温度的升高完全是由重物下落做功导致的。图中右部分，在隔热容器中装入水和电阻器，电流导致水温升高。将水和电阻器看成一个整体，其温度的升高是由电流做功导致的。焦耳经过 20 多年的研究发现，把水升高相同的温度，不管使用何种方法或过程，所需的功是固定的。在绝热过程中，系统能量的变化量等于对系统做功的大小。如果在这个过程中系统吸收了热量，那么系统能量的变化量等于对系统做功的大小加上吸收热量的大小，在这个过程中能量是守恒的。

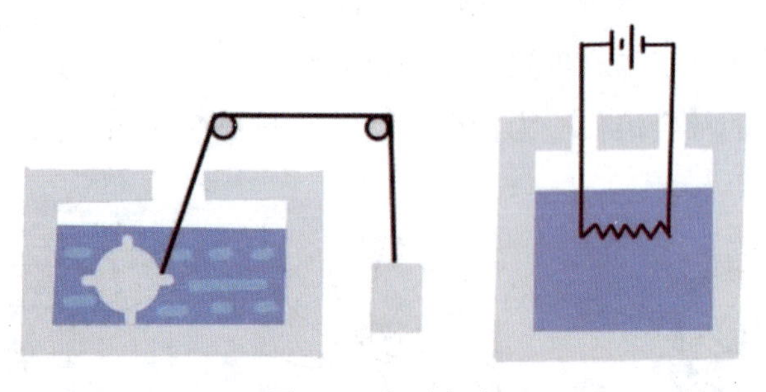

图 6-2　焦耳实验

1840 年，德国医生、物理学家迈尔在爪哇给病人放血看病时发现，病人的静脉血非常红，这种生理现象启发他思考其中的道理。人的体温是血液和氧结合的结果，在热带地区，气温较高，不需要消耗太多氧就可以维持人的正常体温，因此血液比较红。随后他陆续发表论文，具体论述了机械能、热能、化学能、电磁能、光和辐射能之间可以相互转换的普遍规律。

焦耳通过大量严格的精确定量实验测量并证明了能量守恒原理，而迈尔是从哲学思辨的角度对能量守恒的概念进行了解释阐述。德国生理学家、物理学家亥姆霍兹在迈尔和焦耳工作的基础上，第一次以数学的方式认证了能量守恒和转化规律。

中微子的发现与能量守恒

根据能量守恒原理，科学家发现了新的粒子——中微子。1896 年，贝克勒尔发现天然放射性；1898 年，剑桥大学科学家卢瑟福对铀元素发出的射线进行研究，发现了 α 射线（氦原子核）和 β 射线（电子流）；1900 年，维拉德又发现了铀射线中的 γ 射线（高能光子流）。在发生 β 衰变的过程中，原子核中的一个中子会转变成一个质子和一个电子。经过测量发现，β 衰变产生的电子能量不是确定的，有一部分能量丢失了。科学家为了解释 β 衰变中能量丢失的原因，在罗马召开了国际核物理会议。会上泡利提出 β 衰变过程中还产生了一种质量小的中性粒子，正是这种小质量粒子将能量带走了。泡利提到的这个“偷走”能量的微小粒子就是中微子。后来，科学家经过探测先后发现电子中微子、μ 子中微子、τ 中微子，自然界中的三种中微子被全部找到。

科学中国

王国维与《势力不灭论》

中国近代学者王国维（见图 6-3）在文学、美学、史学、哲学、古文字学、考古学等方面成就卓著，是甲骨四堂之一。他翻译了第一部介绍西方知识的著作——《势力不灭论》，这是将能量守恒定律介绍到中国的最早的一部科学译著。这本译著的出现对中国物理学的研究和近代科学的发展都有重要作用。1900 年 6 月，译著完成后收录在“科学丛书”中，1902 年刊行。在翻译过程中，王国维先生舍弃了原著中专业晦涩的学术语言及公式推导，用通俗的语言、贴近生活的例子及实验现象对能量守恒进行了描述。

图 6-3　王国维

在书中，他指出：“不役于一切之自然力也，而唯籍机械之自己，以供给动力于无穷，如是之器，古今所未尝有也。”“由纯粹机械力之用，断不能造自动不息之机械。”其中的“自动不息之机械”就是我们所说的永动机，这告诉我们永动机是不可能制成的。然后又介绍了机械能和功之间存在着定量关系：“试以当前之水碓观之，其最初之势力现于降水，其次现于升椎，第三则现于降椎之活力。”“当椎质再升达最高之点也，其所表之尺磅之数，必与未降之前所得之尺磅之数相同，而决不稍大。由是观之，活力者，能生同量之操作，如其所得之，故活力与操作之量相等也。”利用水可以做功的例子对能量守恒进行了通俗的描述与解释，说明了能量不会消失，也不会凭空产生，只能进行转换且总量不变。

近代中国，大量的西方著作及理论传入，但是多通过西方人口述、华人笔述等方式产生中文译本，很少能见到国人自主翻译的西方著作。《势力不灭论》中文译本的发行是国人独立翻译西方科学文献的开端，具有划时代的历史意义。

小试牛刀

1. 用喝一瓶可乐摄入的能量克服自身重力做功，需要爬多少层楼？请查阅资料进行计算。

2. 思考“早餐要吃饱吃好，午餐的油脂量要高，晚餐宜清淡”中的智慧。

第 2 节　高空坠物的危害

生活物理

我们知道了能量转换过程中的基本规律——能量守恒定律，那能量转换是如何实现的呢？让我们从物体的下落过程谈起。当今社会，高空抛物成了一个“城市毒瘤”，它是一种违反社会公共道德的行为，更给他人生命、健康造成威胁。一个鸡蛋从 4 楼落下可以将人的头砸出一个肿包，从 25 楼落下可能会造成人身伤亡。2017 年，李某从 21 层高的住宅上扔下一个啤酒瓶，造成他人受伤，被法院以危险方法危害公共安全罪，判处有期徒刑十年。2021 年 3 月 1 日开始实施的《中华人民共和国刑法修正案》增加了高空抛物罪，2021 年 1 月 1 日开始实施的《中华人民共和国民法典》也明确规定，禁止从建筑物中抛掷物品。自此，对高空抛物的判处有法可依（见图 6-4）。高空坠物为什么会造成那么大的危害呢？

图 6-4　高空抛物的危害

科学实验

准备一个装满松软沙土的盒子，以及三个体积相同的塑料球、铝球和铜球。我们知道铜球的质量最大，塑料球的质量最小。让这三个小球从同一高度自由落下，可以看到沙土被砸出了不同深度的小坑。塑料球砸出的深度最浅，而铜球砸出的深度最深。我们换用三个质量相等的铝球做实验，将它们放在不同的高度后松手，小球自由落下。可以发现，相同质量的小球，下落高度越高，在沙土上砸出的坑越深，如图 6-5 所示。

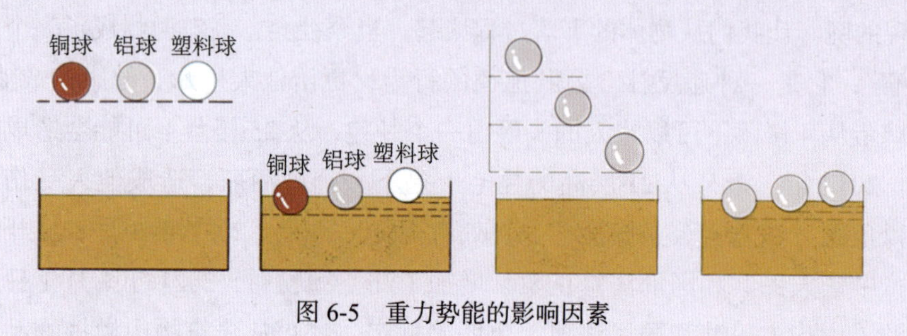

图 6-5 重力势能的影响因素

原来如此

物体能够对外做功，我们就说物体具有能量。物体由于处于一定高度所具有的能量叫作重力势能。从前面的实验我们看到，在同一高度落下的小球，质量越大，砸出的坑越深，说明其具有的重力势能越大。相同质量的小球，所处的高度越高，可以砸出的坑越深，说明提升物体的高度可以增加物体的重力势能。一枚小小的鸡蛋从高空落下就可以把人砸伤甚至造成死亡，正是由于其高度太高，具有的重力势能太大造成的。试想一下，如果桌上放置的铅球和鸡蛋必然会有一个滚落砸到自己的脚上，你更愿意被哪个砸呢？

物体重力势能的变化正是通过重力做功来实现的。当我们把一个物体从地面开始举高时，物体重力做负功，或者说我们克服物体重力做功，此时物体的重力势能增加。物体下降时，物体重力对外做功，物体的重力势能减少。物体重力势能的增加或减少与重力做功的正负有关。做功反映了物体能量的变化，重力做功的量正是重力势能变化量的量度。

如果将小球放在地面上，那么它还有重力势能吗？你可能认为没有，因为物体已经在最低的位置了。但是，如果在小球旁边挖一个深坑，小球依然可以下落并对外做功。为了描述方便，我们可以假定水平地面所处的位置重力势能为 0，如果物体处在水平面以上，它具有正的重力势能，如果物体处于水平面下，则它的重力势能为负，这样就可以方便地描述了。

思维拓展

滑滑板为何比走路省力

从能量角度可以很方便地对物体运动状况进行分析。人在长时间走路时会感到比较累，但是如果利用滑板车走过相同的路程，会轻松很多，如图 6-6 所示。在相同的运动距离下，为什么走路更费劲呢？原来我们在走路过程中，重心的高度并不是固定不变的，而会随着走路的高低起伏不断变化。这样我们在走路时要克服重力做功，因此会额外付出较多的能量。

图 6-6　滑板车运动

我们在很多地方都用到了物体的重力势能。例如，现在建筑工地上使用的打桩机就是利用了重锤的重力势能；修建的水电站通过提高水位、增大蓄水量来增加水的重力势能，可以用来发更多的电。中国古代发明了舂米对，它是利用脚踩或者水流的方法将杠杆一端压下，另一端的物体提升一定的高度后落下进行舂米。古代在城池防守中，将砖石运送到城墙上，通过扔下滚石等方式击退来犯的敌人，也正是利用了石块的重力势能。当然，有时候重力势能也会给我们带来危险，除了高空坠物，冰雹天气、陨石撞击等都会给我们的生活带来危害甚至灾难。

长江三峡水利工程

“更立西江石壁，截断巫山云雨，高峡出平湖。神女应无恙，当惊世界殊。”这是毛主席在视察长江期间展望三峡时所作的诗，体现了伟人对三峡的重视与畅想。在党和国家的努力下，1994 年 12 月 14 日，长江三峡工程正式开工建设。1997 年 11 月 8 日，长江三峡工程上下游围堰合龙成功，三峡水利枢纽一期工程建设顺利完成。2002 年 11 月 6 日，三峡工程导流明渠截流成功。2020 年 11 月 1 日，三峡工程完成整体竣工验收。

三峡工程蓄水高程可达 175 m 以上，蓄水总库容量达到 $3.93\times10^{10}\ m^3$。三峡水电站的机组布置在大坝的后侧，如图 6-7 所示，共安装 32 台单机容量为 7×10^5 kW 的水轮发电机组，其中左岸 14 台，右岸 12 台，地下 6 台，另外还有 2 台 5×10^4 kW 的电源机组，总装机容量 2.25×10^5 kW。截至 2020 年 8 月，累计拦洪总量超过 $1.8\times10^{11}\ m^3$，累计发电量达到 1.35×10^{12} kW·h，为中国华东、华中等地区进行电力供应，是中国重要的大型清洁能源生产基地。

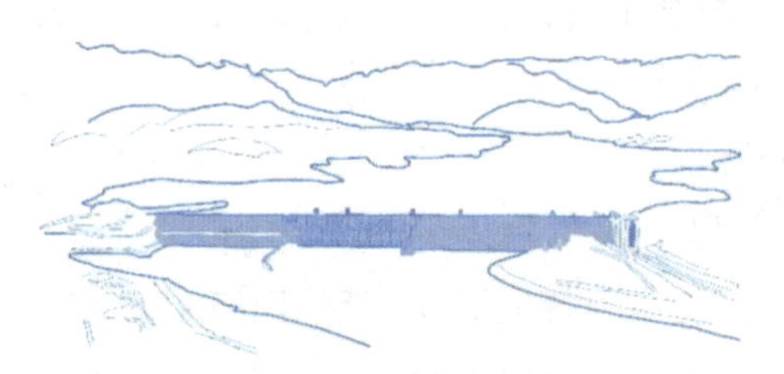

图 6-7　三峡水电站

中国较大的水电站还有溪洛渡水电站、白鹤滩水电站、乌东德水电站、向家坝水电站、龙滩水电站、糯扎渡水电站、锦屏二级水电站、小湾水电站、拉西瓦水电站等。通过水库蓄水增加水的重力势能，通过重力做功的方式将重力势能转换为动能，推动水轮机发电，输送给千家万户。水力发电清洁无排放，对环境友好，是实现碳中和的最佳选择之一，水力发电站同时具有发电、防洪、供水、航运、灌溉等功能。

1. 有人认为物体坠落造成伤害是由于物体速度过快而动能过大，因此高处的物体具有的能量应该包括动能，请分析其中的问题。

2. 中国科技馆展示了一个有趣的锥体上滚实验：将圆锥体放在支架较矮的一端，圆锥体会自己滚到另一端。请尝试做一个锥体上滚的模型并解释其中的原理。

第3节　弓箭中的智慧

生活物理

物体在重力作用下可以加速下落，重力势能转换为动能。拉满弓的箭在弓箭手松手后可以快速射出。在古代，人们利用弓箭狩猎。战争中，弓箭手往往作为军队的先锋进行击敌，既能打击敌人，又能带动己方的士气，起着举足轻重的作用。在《三国演义》中，名将吕布以其精湛的箭法平息了一场战争，如图6-8所示。在现代体育运动中，也有弓箭比赛。那么，是什么力量让箭射出去的呢？

图6-8　吕布辕门射戟

科学实验

将一块纸箱硬纸板剪成矩形，然后将长边对折，在短边上剪出两个凹槽。在卡口的位置绑上橡皮筋，如果橡皮筋较长，可以多缠绕几次，如图6-9所示。将卡片按住展开在桌面上，突然松手，观察卡片的变化。可以看到，卡片完成了一次“鲤鱼打挺”，是不是很酷？

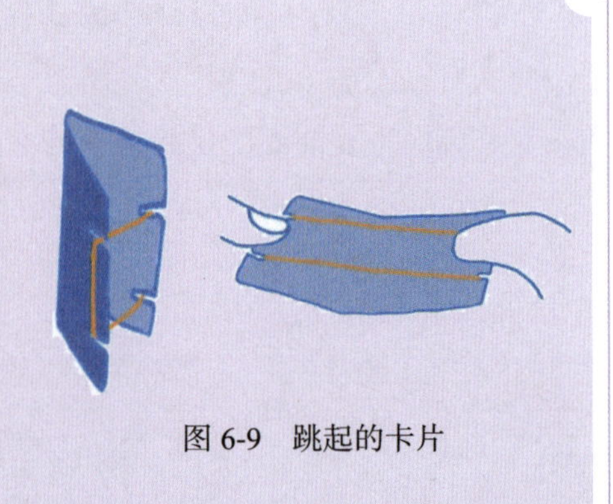

图6-9　跳起的卡片

物体受力后可以发生形变，分为塑性形变和弹性形变。物体发生形变后不能自动地恢复到原来的形状，称为塑性形变。物体受力后发生形变，撤去外力后又恢复到原来的形状，称为弹性形变。物体发生弹性形变后，有恢复原来形状的趋势，因此产生一个与弹性形变方向相反的力，称为弹力。拉力、支持力、压力都属于弹力。拉伸的橡皮筋会产生一个收缩的弹力，人站在蹦床上，蹦床会给人施加一个向上的弹力。物体发生弹性形变后，在恢复原来形状的过程中，可以对外做功，我们说物体具有弹性势能。对于同一种材料，物体发生弹性形变的程度越大，产生的弹力越大，具有的弹性势能也越大。物体弹性势能的变化是依靠弹力做功来实现的。我们将一个弹簧拉开，拉伸的方向与弹簧产生弹力的方向相反，克服弹力做功，此时弹簧的弹性势能增加。弹簧在恢复形状的过程中，收缩方向与弹簧产生弹力的方向相同，弹力对外做功，弹簧的弹性势能减少。

弓的制作一般会选取韧性较好的材料做弓身，强度较好的材料做弦。在拉弓的过程中，弓身发生弹性形变，具有弹性势能。松手之后，弓身恢复原来的形状，对外做功，使得箭射出去，弓的弹性势能转化为箭的动能。为了使箭在射出时速度较大，射程更远，拉弓时应尽量用力将弓拉为满弓。

在前面的实验中，橡皮筋的弹性势能转化为卡片的动能，所以卡片跳了起来。尝试将橡皮筋多缠绕几次，看看卡片弹起的高度有什么不同。增加裁剪卡片的长度，再次重复前面的实验，有什么发现？在理想情况下，如果我们剪出的卡片绝对对称，那么卡片弹起来的运动方向应该是竖直的，但是实际上由于并不能保证两边完全相同，因此卡片在弹起来的时候有水平的运动速度。

弓箭手悖论

我们在看电视时经常看到弓箭手将箭头瞄准目标，射出箭，直中红心，但是这在实际的弓箭使用过程中是较难实现的。将箭头瞄准目标射击，可能会打偏；

看上去会射偏却命中目标。这种现象被称为弓箭手悖论。利用传统弓箭射箭时，箭并不是沿着直线直达目标，而是左右摇摆前进飞向目标，如图 6-10 所示。这是因为箭在射出时，与弦和手指产生摩擦，像“游”了出去。箭在飞行振动过程中，有两个点是不振动的，称为箭的波节。波节的位置受箭的质量分布、弹性及弓的张弓拉力、拉距的影响。在瞄准时将两个波节的连线瞄准靶心，会更容易射中目标。

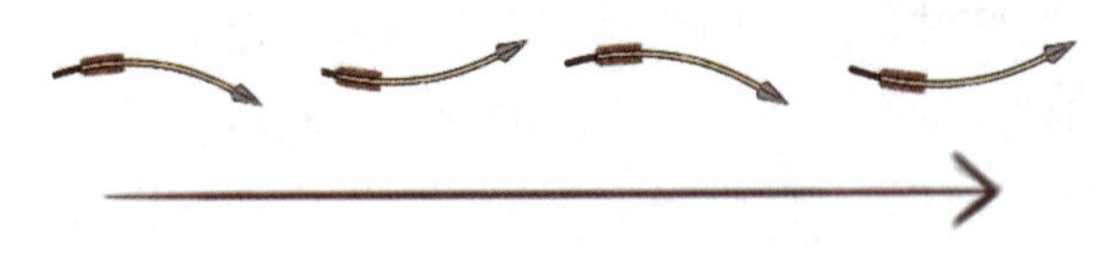

图 6-10　弓箭摆动前进

射箭——中国六艺之一

《周礼》记载:“养国子以道，乃教之六艺：一曰五礼，二曰六乐，三曰五射，四曰五驭，五曰六书，六曰九数。”自周朝开始，礼、乐、射、御、书、数就成为教育体系六艺。据《战国策·赵策二》记载:“今吾将胡服骑射以教百姓。”战国时期的赵国国君赵武灵王为了国家的强大教习百姓骑射。《冬官考工记第六·弓人》中详细记载了弓的制作材料:“弓人为弓，取六材必以其时，六材既聚，巧者和之。干也者，以为远也；角也者，以为疾也；筋也者，以为深也；胶也者，以为和也;丝也者，以为固也;漆也者，以为受霜露也。”《战国策·西周策》记载:“楚有养由基者，善射，去柳叶者百步而射之，百发百中。”《三国志·蜀书·诸葛亮传》注引《魏氏春秋》曰:“亮作八务、七戒、六恐、五惧，皆有条章，以训厉臣子。又损益连弩，谓之元戎，以铁为矢，矢长八寸，一弩十矢俱发。”明代成书的《天工开物》也对弓箭的制作过程进行了详细的介绍。从各种史书及影视作品中可以看到，中国古代就对弓箭极其重视，弓箭在冷兵器时代发挥了重要作用。

小试牛刀

1. 尝试拆解一个回力车玩具，观察其是如何活动的。

2. 你知道现在一些影视作品中对弓箭有哪些误解吗？例如，一次搭两支箭威力会更大吗？说说你的看法。

第 4 节　通罗马的条条大路有区别吗？

生活物理

重力做功可以改变物体重力势能的大小，那这个过程中的能量变化与路径是否有关呢？让我们先一起来看这样一个生活场景。某送货公司的刘师傅接到了一个订单——张先生需要将家具城的书桌送到某小区。刘师傅有几种选择：线路一，选择两地之间的最短线路进行送货，路程最短；线路二，选择走高速路，路程较长，但是开车速度比较快；线路三，选择其他线路，路程不是最短的，速度也不是最快的，但是刘师傅可以顺路将另一张桌子送给其他客户。对于张先生而言，只要当天收到书桌即可，师傅选择哪条线路，并不会影响最终的结果。但是对于刘师傅而言，选择不同的线路效果是不同的。有的线路路程短，但是堵车，耗时长，耗油多；有的线路路程较长，但是速度较快，用时可能缩短；还有的线路可以完成更多的送货任务（见图 6-11）。我们在学习物体做功的过程中，也有一些类似的现象。

图 6-11　货物运送

科学实验

一个质量为 m 的小球从高度 h 处自由落下，这个过程中重力做功为 $W=mgh$。现在我们让相同的小球从不同的斜面 A、B、C 自由滚下，如图 6-12 所示。已知斜面的竖直高度仍然为 h，那么小球沿不同斜面滚下，重力做功的大小有什么样的关系呢？

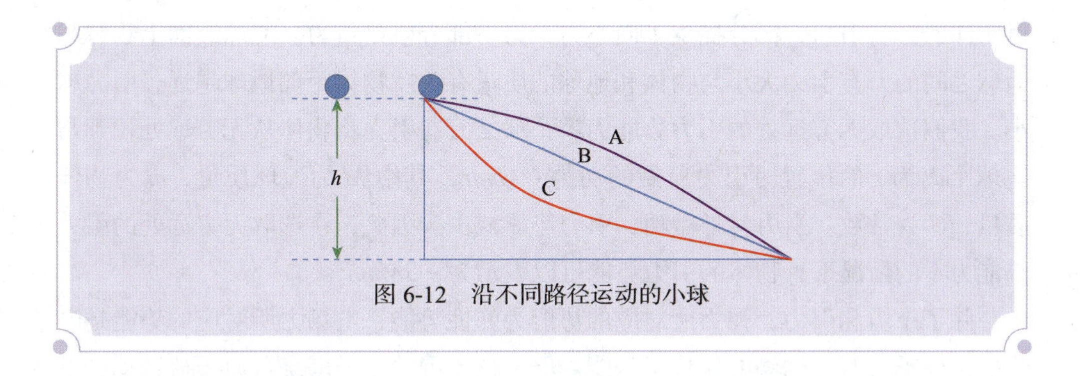

图 6-12　沿不同路径运动的小球

原来如此

小球沿不同斜面滚下，重力做功都是 W，与小球经过的路径没有关系。在惯性参考系中，一个力对物体做功与物体的初始位置和终止位置有关，与其通过的路径无关，我们称这样的力为保守力。如果一个物体沿着一个闭合路径绕行一圈，那么此时保守力做的功为零。势能没有转换为其他形式的能量。当物体的相对位置确定以后，它们之间的势能差也是固定值。保守力与势能的变化具有紧密的关系。除了重力，万有引力、电场力、弹力等都是保守力。而像摩擦力这样，其做功与路径有关，称为非保守力。例如，滑动的木块在运动过程中会有热量产生，导致温度升高。无论向哪个方向运动，摩擦力做功都会导致相同的结果——将机械能转换为内能。我们不可能通过改变摩擦的方向而回收之前产生的热量，这个过程是不可逆的。

我们以地面为参考系，选定在地面的物体重力势能为零，则地面为零势能面。用竖直向上的拉力将地面上的物体匀速缓慢提升一定的高度，则此过程中拉力所做的功为拉力与提升高度的乘积。物体匀速提升过程中，竖直向上的拉力与物体所受重力大小相等。拉力对物体做功，物体重力势能增加，物体重力势能的增量等于拉力对物体做的功。这样我们选取地面为零势能面，物体在高度 h 的位置具有的重力势能为 mgh。

重力是由于地球的吸引导致的，起源于地球的引力，但是重力的大小并不等于引力大小，而是略小于地球引力大小。地面上的物体跟着地球一起转动，地球对物体的万有引力一部分提供了向心力，另一部分就是重力。地球表面上物体与地球之间的万有引力大小与物体和地球的质量有关。物体距离地球越远，引力越小。我们选取无穷远处的引力势能为零，那么万有引力将物体从无穷远处拉到与地球距离为 r 的位置时引力所做的功为 GMm/r，其中 M 为地球质量，m 为物体质量，G 为常数。引力对外做功，引力势能减少。因此，在选取无穷远处的引力势能为零的情况下，物体的引力势能可以表示为 $-GMm/r$。

除了重力和引力，弹力所对应的势能为弹性势能，电场力所对应的势能是电势能，分子力对应的势能是分子势能。原子核周围的电子围绕着原子核转动，月球和卫星绕着地球转动，行星绕着太阳转动，在这些稳定体系中，都是保守力系统。

保守力并不是一成不变的，一个真实的力在某个参考系下是保守力，但是在其他参考系下可能是保守力，也可能是非保守力。

中国卫星

中国第一颗人造地球卫星“东方红一号”（见图 6-13）于 1970 年 4 月 24 日在酒泉卫星发射中心由“长征一号”运载火箭发射升空，使得中国成为继苏联、美国、法国、日本之后第五个可以自主研发并发射人造卫星的国家，翻开了我

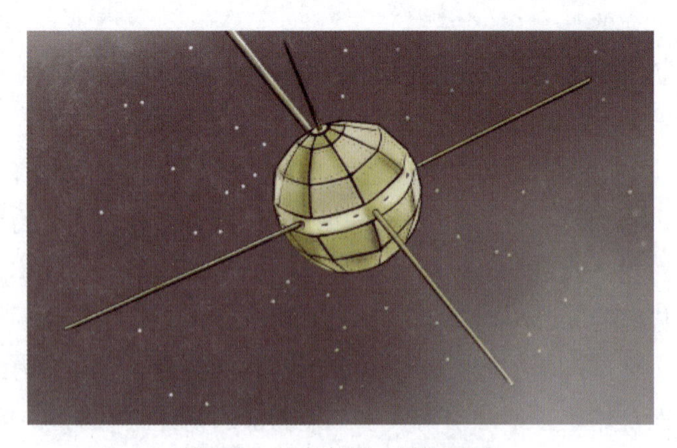

图 6-13 “东方红一号”卫星

国航天科学领域的新篇章。“东方红一号”卫星任务从提出到成功发射经历了 12 个年头。“东方红一号”卫星质量为 173 kg，运行轨道近地点 441 km，远地点 2368 km，倾角 68.44°，114 min 绕地一圈。1984 年 4 月 8 日，中国第一颗同步轨道卫星在西昌卫星发射中心升空，解决了我国边远地区、边疆岛屿与内地的通信、电视、广播的问题。2011 年 9 月 29 日，中国成功发射第一个空间实验室——天宫一号。2016 年 8 月 16 日，中国发射世界上第一颗量子科学实验卫星“墨子号”。2021 年 11 月 5 日，可持续发展科学卫星 1 号在太原卫星发射中心发射，并顺利进入预定轨道，这颗卫星是专门服务联合国 2030 年可持续发展议程的科学卫星。

小试牛刀

你所知道的保守力和非保守力有哪些？说说你的理由吧。

第 5 节　机械表中的能量艺术

生活物理

通过前面的学习，我们知道做功可以改变物体的能量，那能量在重力或者弹力做功的过程中是如何转化的呢？机械手表不需要安装电池，只要定期给手表上弦，它就能持续走动好几天。甚至有的自动机械手表不需要给上弦，只要正常佩戴就能实现持续走动。手表指针可以持续转动，这其中的原理是什么呢？

科学实验

在一个罐子或者薯片筒的两端各打两个小孔，将一个小铁块固定在橡皮筋的中间，将橡皮筋穿入筒中，用牙签将橡皮筋固定在筒的两端，如图 6-14 所示。将筒放在一个小的斜面上松手，观察筒的运动情况。

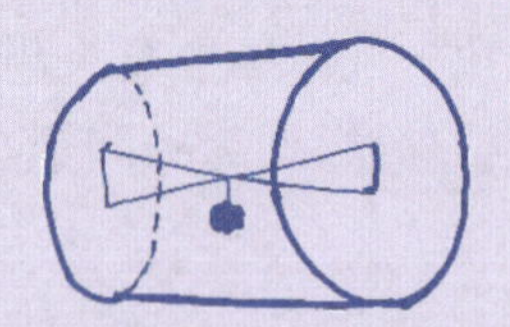

图 6-14　滚筒实验

原来如此

根据能量守恒定律，能量不会凭空产生，也不会凭空消灭，能量在转换或转移的过程中总量是守恒的。如果在能量转换过程中，只有动能、重力势能、弹性势能之间的互相转换，我们说这个过程中机械能是守恒的。

在刚刚的实验中，我们将筒从一个斜面滚下。这个过程中，筒的重力势能转换为筒的动能和弹性势能。到最低端后，筒还会继续往前滚动，这时候筒的动能转换为弹性势能，直到速度减小为零，此时弹性势能最大，动能为零。之后，筒又滚了回来，这主要是由于筒存储的弹性势能又转换为动能。在理想情况下，不考虑阻力，筒可以滚回斜面的初始高度。但由于滚动过程中摩擦阻力等的影响，导致部分机械能转换为内能，筒滚回斜面的高度要比原来的高度低一些。

机械表也正是利用了机械能的互相转换。机械表中储存能量的是游丝，它是机械表的心脏，如图 6-15 所示。为了保证机械表可以不停走动，我们需要定期给表上弦，对手表做功，手表将能量以弹性势能的形式存储了起来。采用擒纵系统等方式可以保证发条缓慢而又近似恒定的能量输出。机械表在运行过程中，将弹性势能转换为动能，使指针走动。同时控制时针、分针、秒针的齿轮大小就可以控制它们的转动速度。

图 6-15　机械手表机芯

全自动机械手表不需要人为上弦也能持续走动，这又是为什么呢？原来这类手表中会设置一个重锤，佩戴手表运动时会带动重锤摆动，从而自动给手表上弦。这个过程正是把人运动过程中的机械能转换为手表的弹性势能，给手表提供源源不断的动力。

思维拓展

计时工具的发展

人类历史上的计时工具经过了多轮的发展（见图 6-16）。早期的日晷计时工具是根据太阳的角度来判断时间，使用起来具有较大的局限性。后来人们发明了沙漏和滴漏的方法进行计时。北宋天文学家苏颂等人建造的“水运仪象台”被誉为世界上最早的天文钟。伽利略对单摆的研究为摆钟计时提供了科学依据。在法国的贝桑松小镇有一台准确度非常高的钟，一年的误差只有一两秒。机械表依靠精密的机械元件之间的配合进行运转，容易受到外界环境的干扰，误差相对较大。石英表的使用降低了手表的成本及走时误差，可以满足人们日常生活需要，但是每天千分之一秒的误差足以对国家金融、交通、电网等产生致命影响，导致混乱。我们的北斗卫星导航系统上使用的计时工具是铷原子钟，三百万年只差一秒。进行深空导航及精确定位需要更高精度的计时工具才行，中国研制的冷原子钟可以达到三千万年只差一秒。中国的空间站建立了世界上第一套由氢钟、铷钟、光钟组成的空间冷原子钟组，可以开展更精细的科学研究。

图 6-16　各种计时工具

中国手表的起步

1954 年 11 月，为响应党和国家的号召，天津钟表业尝试制作中国的手表，在天津第一轻工业局局长肖传道的支持下成立了手表试制小组。1955 年 1 月 3 日，试制小组的工作正式启动。在简陋的工作条件下，小组成员利用四台陈旧的皮带式机床，手工对零件进行抠制。手表的 140 多个零件中，一些零件比纸都薄，比针尖还细，一些孔径、轴径的误差比头发直径还要小得多，这些都要用普通的铜板或铜棒去加工，可见难度之大。经过两个多月的努力，小组于 1955 年 3 月 24 日试制成功第一块国产 15 钻机械手表（见图 6-17）。手表表盘上镀有“中国制”三个字和五颗星，被定名为“五星”牌手表。1955 年 9 月 26 日，由上海市二轻局牵头组织的 28 个单位的 58 名能工巧匠制成了 18 只长三针 17 钻手表。1958 年 4 月，中国第一家手表厂——上海手表厂建成，从此结束了中国只能修表不能造表的历史。

图 6-17　在天津试制成功的第一块手表

小试牛刀

除了机械表、石英表，现在已经普及了多种类型的手表，如光动能手表、电波手表等。请查阅它们的工作原理和优势并对其发展前景进行分析。

第 6 节　汽车与足球碰撞出的火花

生活物理

物体在碰撞过程中会做功，很多时候还会伴随着内能的转换。公路上行驶着一辆汽车，突然有个足球撞到了汽车的前方，会有什么样的结果呢？肯定是足球被撞飞了出去。但是如果停车场停放了一辆汽车，踢过来的足球撞在了汽车上，汽车会被撞飞吗？汽车依然稳稳地停在那里，而足球会被反弹出去（见图 6-18）。如果是完全弹性碰撞，过程中没有机械能的损失，那么这个过程是机械能守恒的。但是一般情况下，撞击过程中会有部分机械能转换为内能，机械能一般是不守恒的。不同质量的物体在碰撞过程中可能存在哪些规律呢？

图 6-18　足球和汽车的碰撞

科学实验

如图 6-19 所示，用细绳悬挂两个小球，小球的质量分别是 m_1 和 m_2，其中一个小球 B 静止悬挂，另一个小球 A 被拉开一定的角度自由释放。根据撞击前 A 球的初始角度，我们能计算得到 A 球撞击 B 球前的速度。同时，根据撞击后小球的摆动角度，可以计算得到撞击后两个小球的速度。在小球 B 上粘贴一片双面胶，重复上面的实验，观察实验过程中小球的运动有什么区别。碰撞前后小球的质量、速度满足什么样的关系呢？

图 6-19　动量守恒实验

笛卡儿认为宇宙万物总的运动量是固定不变的，既不会增加，也不会减少，是守恒的。运动量的变化必然满足这样的规律——一种物质的运动量增加，必然存在其他物质的运动量减少。前面物质增加的运动量是靠后面物质传导过去的，这就是宇宙万物运动量的变化规律。前面的实验数据说明，这里提到的不变的运动量就是动量，是质量与速度的乘积，并以此作为运动量的量度。如果小球在碰撞过程中属于完全弹性碰撞，那么不仅满足动量守恒，还满足机械能守恒。如果小球在碰撞过程中是完全非弹性碰撞，碰撞后小球粘在一起，以相同的速度运动，此过程中机械能损失最大。小球在碰撞过程中，不管是否满足机械能守恒，碰撞前后的总动量是不变的。

动量守恒在微观粒子中的应用

动量守恒定律在微观粒子及高能物理中也展现了自己独特的魅力，帮助科学家建立了原子结构模型。19 世纪末，科学家通过实验和理论的角度逐渐确定了原子的存在。电子的发现者约翰·汤姆逊最先提出了一种原子模型，认为正电荷均匀分布在原子空间，而电子就像布丁里面的葡萄干一样镶嵌在正电荷里面。这种模型被称为布丁模型、枣糕模型或葡萄干布丁模型。卢瑟福在英国曼彻斯特大学担任教授期间，利用 α 粒子轰击金箔，观察 α 粒子通过金箔以后的轨迹变化（见图 6-20）。基于汤姆逊的模型可知，粒子要么全部通过金箔，要么全部不通过金箔。卢瑟福经过实验发现，大部分 α 粒子可以通过金箔，部分粒子发生大角度偏转，有的粒子甚至被完全弹了回来。卢瑟福经过大量实验和计算后提出了原子的核壳结构模型。α 粒子是带正电的氦原子核，具有两个质子和两个中子。电子的质量远远小于 α 粒子，因此并不能明显阻挡或改变 α 粒子的运动方向。金原子核包括 79 个质子和 118 个中子，质量远大于 α 粒子，因此金原子核可以明显改变 α 粒子的方向，甚至使得 α 粒子反向。微观粒子碰撞过程中也是满足动量守恒的。

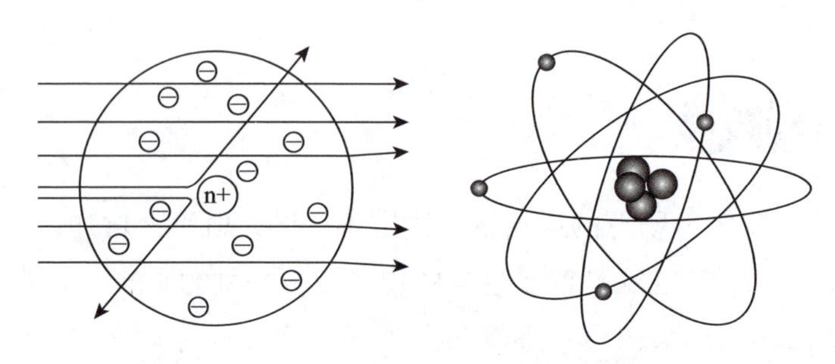

图 6-20　α 粒子碰撞实验及原子核壳结构模型

科学中国

中国高铁安全碰撞试验

中国高铁技术已经跻身世界先进技术行列，运行里程更是位居全球首位。2019 年 9 月 27 日，中国完成 76 km/h 真实列车对撞试验，将中国的高铁安全性能提升到了一个全新的高度。高速列车碰撞的一瞬间，车头被撞击得面目全非，但是驾驶舱依然完好无损。即使真的发生这样的碰撞事故，也不会影响驾驶室人员和乘客的安全。本次试验所采用的数据均高于欧洲标准。但是本次碰撞试验采用的是车头碰撞，而实际列车在运行时的质量和动能有显著差别。2021 年，中国进行了全新的两列八辆编组高速动车组碰撞试验（见图 6-21），对列车碰撞性能进行验证。试验采用一列列车以 36 km/h 的速度撞击另一列静止列车的方式进行。此次碰撞试验是世界上首次在实际工况场景下进行的高速动车组整列车被动安全碰撞试验，处于世界同类测试中的领先水平。

图 6-21　列车碰撞

小试牛刀

1. 还有哪些方法可以验证碰撞过程中动量守恒？说说你的想法吧。

2. 请从能量角度和动量角度分析物体被相同速度的火车和自行车撞击后的差别。

第 7 节　台球运动中如何击打白球？

生活物理

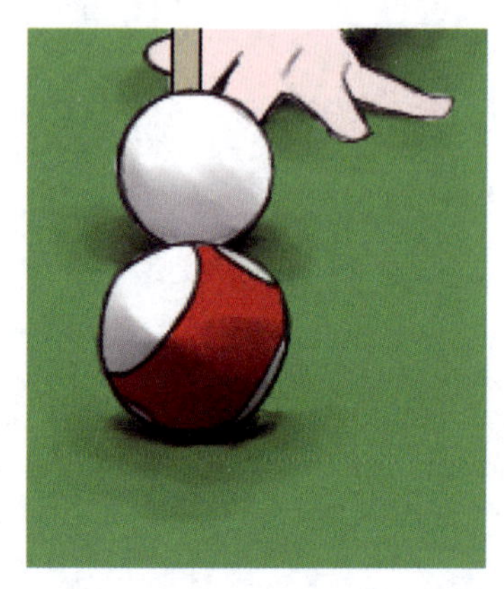
图 6-22　击打白球

物体动量的变化或速度的变化是靠力来实现的。在台球比赛中，依靠不同的击打方法可以实现对台球动量的控制。2021 年，在英国米尔顿・凯恩斯举行的斯诺克大师赛中，年仅 20 岁的中国新秀颜丙涛以 10∶8 力克老将希金斯，第一次征战大师赛就获得了冠军。斯诺克大师赛是斯诺克三大赛事之一，只有世界排名前 16 的选手才有资格参加。在台球比赛中，需要用台球杆击打白球，然后利用白球将目标球打入袋子，如图 6-22 所示。白球被击打后的速度及运动方向将直接影响目标球的击打效果。目标球成功入袋后，可以继续击打下一个球，因此白球的留置位置对下一次击打起着至关重要的作用。在击打白球的过程中，力的大小与物体的运动情况有什么样的关系呢？

科学实验

我们可能在街头或者电视上看到过这样的表演——胸口碎大石。表演者运功吐气后躺在地上，其他人抬来一块大石头压在表演者的身上。表演者的搭档抡起大锤向石块砸去，石块四分五裂，而石块下面压着的表演者却安然无恙。表演者是在施展硬气功吗？我们来模拟一下这个实验（见图 6-23）。

在桌子上放两个气球，气球上叠放一块亚克力板，将几块砖头放在亚克力板上。抡起锤头迅速砸向砖头。可以看到砖头碎裂了，而气球却安然无恙。

图 6-23　模拟胸口碎大石实验

原来如此

在解释胸口碎大石的原理之前，我们先来分析一下力与动量的关系。在光滑的水平面上放置的一辆小车受到水平拉力 F 的作用，如图 6-24 所示。在力 F 保持恒定的情况下，时间越长，小车增加的速度越大，动量变化越大。我们施加给小车不同大小的力，持续相同的时间，那么在施加力较大的时候，小车增加的速度较大，动量变化也较大。我们把力与力的作用时间的乘积叫作力的冲量，冲量越大，则物体动量的变化量越大。实际上，物体在一个过程终末状态和初始状态动量的变化量等于它在这个过程中所受力的冲量，这就是动量定理。

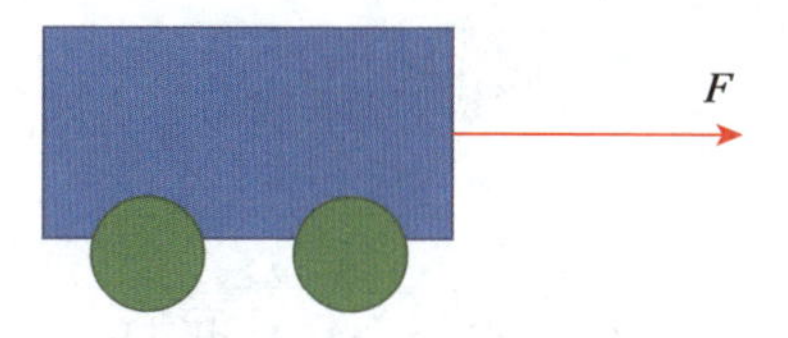

图 6-24　受力的小车

动量定理的物理实质实际上和牛顿第二定律是相同的。根据牛顿第二定律数学表达式，力等于物体的质量与加速度的乘积，即 $F=ma$，在等式两边同时乘以力的作用时间，等式左边就是我们刚刚定义的冲量，而等式右边就是质量与速度变化量的乘积，即动量的变化量。这样我们就知道，使用动量定理分析物体的运动和牛顿第二定律等效，但是在实际分析过程中会方便很多。

在台球运动中利用球杆击打白球，通过控制击打白球的力度和时间可以控制白球被击打后的速度，进而控制白球击打目标球的力度。实际上，在击打白球的过程中，还要考虑白球的留置位置，例如需要白球击打目标球后往前或者往后滚动一定的距离，方便下一次击打。如果击打白球的上部，称为高杆，白球碰撞目标球后会继续向前滚动一段距离；而如果击打白球的下部，称为低杆，白球碰撞目标球后会滚回一段距离。

在胸口碎大石的表演中，抡起锤头迅速击打石块，锤头与石块的接触时间很短，锤头的动量在较短的时间即减少到零，根据动量定理可知，此时锤头与石块之间的作用力很大。锤头与石块的接触面积特别小，因此石块在被击打过程中所受压强较大，很容易被击碎。由于石块的质量很大，石块受到锤头压力后，速度的变化量并不大。石块与人体的接触面积较大且人的身体具有一定的弹性，因此石块并不会给人造成太大伤害。这样我们就知道胸口碎大石的表演者为什么不敢拿掉石块，让锤头直接砸向自己。我们再看到有人表演胸口碎大石时，也可以自信地说一声：“我也能行！”

如何实现轻功“水上漂”

动量定理不仅让我们有了胸口碎大石的自信，而且能让我们知道轻功“水上漂”是否能够成功。很多人都有一个武侠梦，梦想有一天自己可以像电视上的主人公一样学会轻功，在湖上走路如履平地。在现实生活中，没有人能在水上走路，但是有些动物却可以轻松做到。双冠蜥脚掌面积大，能够快速蹬水，实现“水上漂”。那人为何不可以呢？研究表明，人要想实现水上走路，需要 30 m/s 的蹬水速度才行，以人现在的肌肉强度是远远达不到的。虽然我们无法在水上走路，但是“水上漂”的划水项目可以轻松让我们实现在水上运动。运动过程中，人踩在滑板上，靠绳索的牵引力在水上滑行。滑板与水面有一定的夹角，如图 6-25 所示。以滑板为参照物，水流高速击打在滑板底部，然后沿着斜向下的方向反射出去。水在碰撞前后的动量变化量有竖直方向和水平方向的分量，根据动量定理，水受到的力也可以分为竖直方向和水平方向的力。根据力的作用是相互的，水施加给滑板的力有竖直方向的分力，使得人不会下沉，而滑板受到的水平方向的分力就是滑板受到的阻力。摩托车在快速行驶过程中，也可以在水面上运动一定的距离而不下沉，这也可以通过动量定理来进行解释。

图 6-25　水上滑行模型

中国航母阻拦索技术

航母阻拦索是航母建设的关键，只有少数几个国家可以制造。阻拦索可以在较短的时间内将舰载机的动量减少到零，保证舰载机的安全。即使发达国家禁止航母核心技术出口，也阻挡不住中国的航母发展之路。2012 年 9 月 25 日，中国第一艘航空母舰“辽宁舰”（见图 6-26）正式交付海军，标志着中国告别了没有航母的时代，跨入大国海军的行列。2013 年 11 月，中国首艘国产航母开工建设，2018 年 5 月 13 日，国产航母在万众瞩目中迎来首次海试。2019 年 12 月 17 日，第一艘国产航母“山东舰”在海南三亚交付海军，中国进入双航母时代。

现在军用战机动辄二三万千克，飞行时速可达二三百千米。战机具有如此大的速度，要想完全停下来，需要上千米的滑行跑道，而现在航母的跑道也就二百多米。根据动量定理可知，要在较短的时间内将战机的速度降低到零，必须对其施加较大的阻力才行。为了快速对战机进行制动，必须安装多条阻拦索，对战机施加较大的拉力。航母阻拦索表面看起来简单，实则综合科技含量较高，各国将其视为核心机密，禁止技术出口。中国打破国外垄断，研制出了阻拦索，达到了国际领先水平。

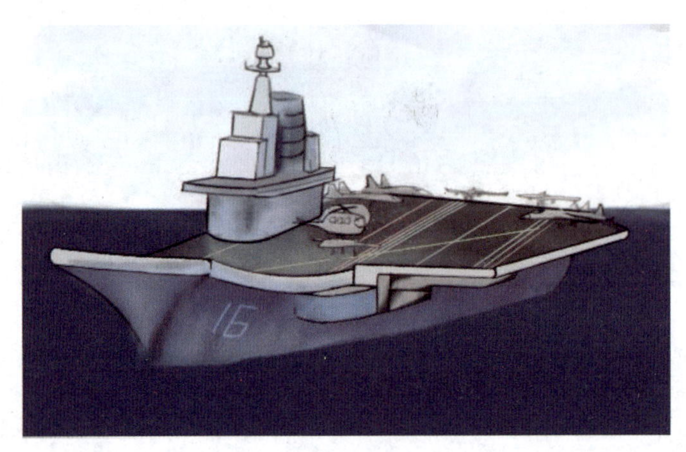

图 6-26　辽宁舰

小试牛刀

1. 在打网球、羽毛球的过程中，我们是如何运用动量定理控制球的运动的？请尝试分析说明。

2. 在打台球的过程中用到了哪些物理原理？

第 8 节　台球碰撞的不变量

生活物理

我们在玩台球的时候，击打白球的中点使得白球获得一定的动量，白球击打其他球后动量减少，其他球获得了一定的动量。在这个过程中，我们认为球的碰撞时间极短，总的动量是不变的。台球在运动过程中，受到台面施加的阻力作用，形成一个冲量，导致台球的动量减少。通过前面的学习我们知道，冲量是改变物体动量的原因。

科学实验

牛顿摆是法国物理学家伊丹·马略特在 1676 年提出的。如图 6-27 所示，五个质量相等的小球悬挂在支架上，彼此紧密排列。将一侧的一个小球拉开一定角度释放，碰撞小球由运动变为静止，另一侧的一个小球弹起了相同的高度。将一侧的两个小球拉开一定的角度，则另一侧也有两个小球弹开相同的高度。这个过程中小球的动量发生了交换，碰撞中满足动量守恒。

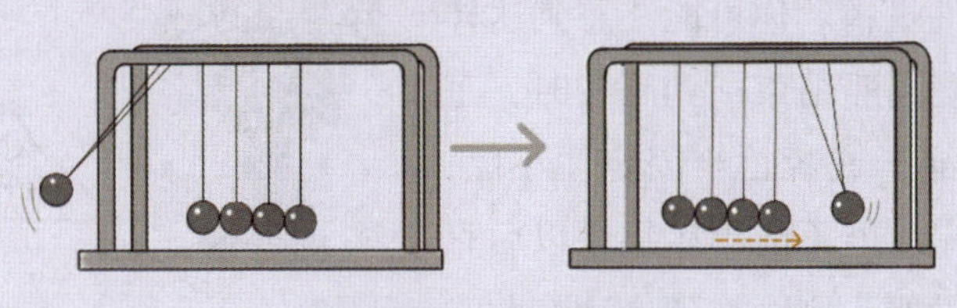

图 6-27　牛顿摆实验

原来如此

一个运动的小球 A 撞击静止的小球 B，它们之间是有相互作用力的，A 对 B 施加的弹力，与 B 施加给 A 的弹力大小相等，方向相反，作用在同一条直线上。它们在碰撞过程中所持续的时间固定，则 A 球对 B 球施加力的冲量等于 B 球增加的动量。B 球对 A 球施加力的冲量等于 A 球减少的动量。B 球增加的动量刚好等于 A 球减少的动量。这说明物体碰撞过程中内力是不改变系统动量的。

物体在运动或碰撞过程中还受到系统外部施加的力，会导致物体的动量增加或减少。但是如果物体所受外力的合力等于零，那么此过程中，物体的动量保持不变。这样我们就总结出了**动量守恒定律：**如果一个系统不受外力，或者所受外力的矢量和为零，这个系统的总动量保持不变。台球运动中，白球击打目标球的过程中所受外力并不等于零，台面会给球施加摩擦阻力。考虑到白球击打目标球的过程中时间非常短，碰撞过程中阻力改变小球的动量很小，我们近似认为系统碰撞过程中动量守恒。

思维拓展

如何从船上上岸

在一个阳光明媚的日子去公园划船是多么惬意的一件事情。你可能注意到这样一件事情：我们划船结束回到码头时，工作人员会先用绳子或者竹竿固定住小船，然后让乘客上岸。能不能等船靠岸以后直接上岸呢？假设船头刚刚靠到岸边，此时我们直接向船头走去。我们将人和船看成一个整体，船头停在岸边后系统的动量为零。人向船头走去，根据动量守恒定律，船会向相反方向运动，导致船头离开岸边，我们便无法上岸，如图 6-28 所示。如果我们再次走回船舱，会发现船头又

图 6-28　从船上走上岸

靠近了岸边。明明岸边就在眼前，可是只能远观而无法靠近，只能求助工作人员给自己的小船一个“拥抱”了。

北京冬奥会短道速滑混合团体接力

我们可以根据动量守恒定律在体育比赛中取得优势。

在 2022 年北京冬奥会短道速滑 2000 m 混合团体接力决赛赛场上，由范可新、曲春雨、任子威和武大靖组成的中国短道速滑队以 2 分 37 秒 348 的成绩摘得本届冬奥会中国代表团首金。短道速滑混合团体接力出场队员由 4 人组成，两男两女，按照女–女–男–男–女–女–男–男的交接棒次序进行。前四次接棒队员各滑两圈半，后四次接棒队员各滑两圈。在决赛场上，最后两棒由中国运动员任子威和武大靖完成。任子威在完成速滑圈数后将接力棒交给队友武大靖时，用力推了一把武大靖，武大靖获得了一个较快的速度，而任子威自己的速度快速降了下来。我们将武大靖和任子威看成一个整体，推的动作发生的一瞬间，时间很短，阻力产生的冲量可以忽略，我们可以认为在这个过程中动量是守恒的。武大靖的动量急剧增加，任子威的动量快速减少。当然我们也可以根据前面学的动量定理，利用隔离法来进行分析。通过对武大靖进行分析我们知道，他受到了一个较大的向前的推力，冲量是正的，他的动量增加。而任子威受到了武大靖给的向后的反作用力，这个力产生的冲量与运动方向相反，是负的，他的动量快速减小（见图 6-29）。

图 6-29　短道速滑接力

U 小试牛刀

1. 查阅资料并回答，在手枪射击过程中，子弹射出对人的运动状态有什么影响？如何减小这种影响？

2. 生活中还有哪些例子可以用动量守恒来进行解释？说说你的观点吧。

第 9 节　童年的你差点造出火箭

生活物理

童年的我们玩着自己亲手折的纸飞机，还有那经常没能拴住口的气球。气球脱手之后处于暴走状态，飞来飞去，如图 6-30 所示。那时候只顾着追气球，并没有想过气球里面发生了什么。这随手挣脱的气球竟然和现代火箭推进器的原理相同，原来我们无意间的一个动作竟然差点造出火箭。

图 6-30　暴走的气球

科学实验

取两个直径不同的吸管，选直径较小的吸管 a，用剪刀在吸管上刻出一个凹槽。用镊子夹住吸管口的一端，接触烛火片刻即可将吸管的一端封闭，如图 6-31（a）所示。取直径较大的吸管 b，在中间用剪刀剪出一个菱形，再用相同的方法将吸管的两端封闭。用剪刀在此吸管的两端各剪出一个斜的切口，如图 6-31（b）所示。将处理好的两个吸管按照图 6-31（c）的方法组装起来，拿在手中对着 a 吸管吹气，发现了什么呢？可以看到 b 吸管持续转动了起来，这其中蕴含着什么原理呢？

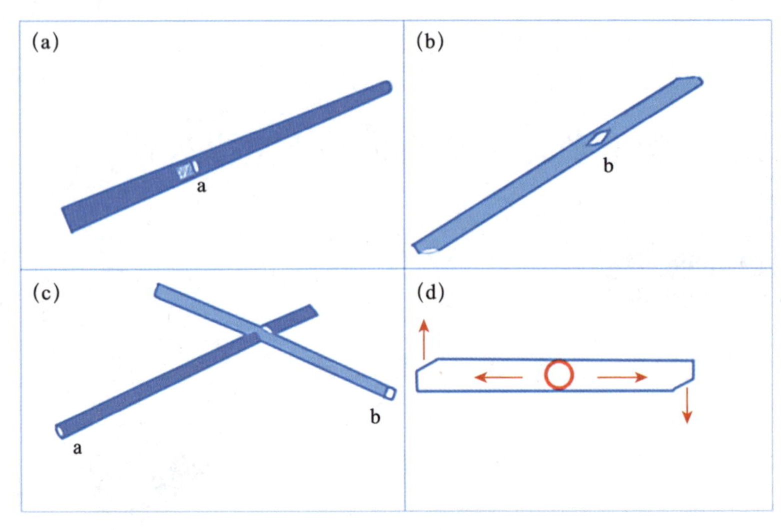

图 6-31　旋转吸管实验

原来如此

我们在玩气球时，初始情况下，气球和里面的气体处于静止状态，系统的总动量为零。当气球里面的气体冲出来时，气球内气体具有一定的动量，根据动量守恒原理，气球必然向反方向运动，这种现象称为**反冲**。脱手之后，暴走的气球并不是沿着一个方向前进的，而是四处冲撞。这是因为气球各处的厚度并不完全相同，产生的张力也不均匀，导致气球在运动过程中由于反冲而产生的力与气球的运动方向并不完全相同，气球在逐渐收缩变小的过程中，气流速度及气流方向都在不断变化，所以气球会四处飞奔。

我们制作的旋转吸管也是利用了气流的反冲作用使得吸管不断转动的。根据图 6-31（d）中的吸管结构和气流方向可以看出，吸管中间可以绕着轴转动，形成一个杠杆。吸管左侧和右侧的气流反冲作用产生的力矩成为转动的动力。

火箭推进与燃料消耗

火箭是如何利用反冲作用升上太空的呢？我们在水里划船时，向后划水可以获得一个向前的力；在空中的喷气式飞机通过进气道吸入大量气体，经过燃烧加热后将气体快速喷出形成向前的推力。而火箭通过将自身一定质量的物体快速向后抛出获得动力，获得动力的大小与火箭抛出物体的质量和速度有关。反冲过程中，正是利用力的作用是相互的，而产生一个向前推动物体的力。

发射火箭时加装燃料的多少更多影响的是火箭运送货物时速度提升的多少。发射场偌大的火箭大部分都是携带的燃料，而运送的货物质量只占总质量很少的一部分。要想使火箭获得更大的速度增量，就必须携带更多的燃料。但是多带燃料也会导致火箭开始的时候总质量增加，相同推力下加速度变小，最终结果是火箭速度增量并没有提高多少。在实际的火箭推进过程中，会采用分级的方式，将用完的燃料罐扔掉，减轻自身质量。

在电影《流浪地球》中，人类建造了一万台行星发动机（见图 6-32）推动地球离开太阳系。影片里介绍行星发动机是依靠烧石头获得能量。或许未来我们可以使用石头来获得能量，那地球能够据此安全到达目的地吗？根据动量守恒原理，要想推动地球离开太阳系，就需要不断扔东西，依靠反冲作用改变地球的运动状态，使其飞向目的地。地球在加速过程中需要抛掉的质量必然是巨大的，到达目的地时，地球会减重多少呢？当然，我们也可以大幅提升抛出物体的速度，以使地球增加更多的动量。

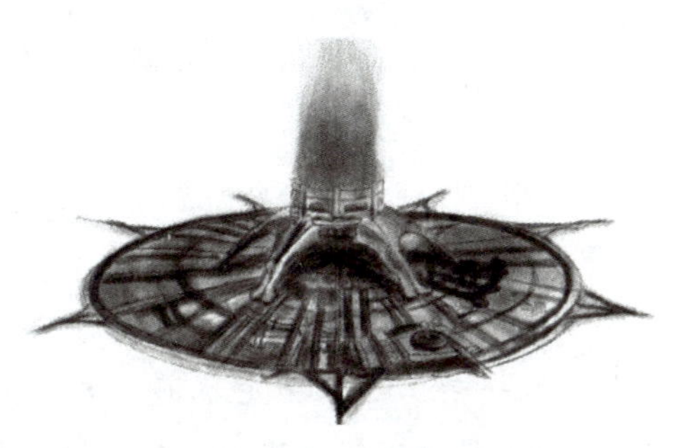

图 6-32　行星发动机

科学中国

从“火龙出水”到运载火箭

唐朝末年，火药及火器开始在战场上使用。后来人们利用火药燃烧产生的反作用力制成了一种能够高飞的“起火”，平时用于庆祝喜事，战时可以用来传递信号，成为现代火箭的雏形。明代茅元仪所著的《武备志》中记载了一种火箭，它在“起火”前端加上箭头，后端加上羽毛，提高了飞行及战斗效果。明朝出现的水陆两用武器“火龙出水”，是利用毛竹制成龙体，装上龙头和龙尾，如图6-33所示。做成鱼尾状的龙尾可以使其在运动过程中保持平衡。毛竹内部装有数枚火箭，外部绑上四只“起火”，帮助“火龙出水”向前腾飞。待外部“起火”火药燃烧完后会引燃龙体内部的火箭，使内部火箭飞出，直达目标。

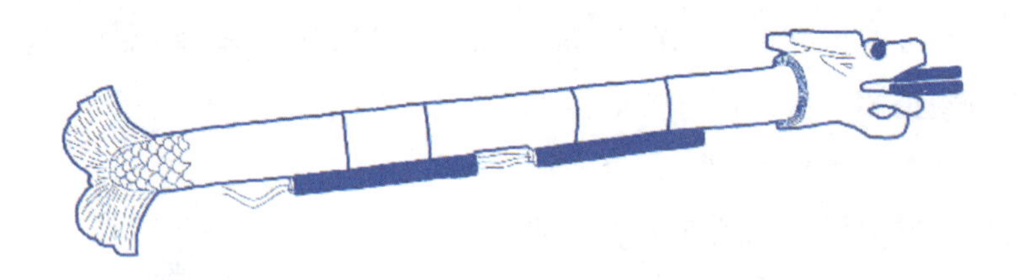

图 6-33　火龙出水

1970年4月24日，长征一号运载火箭成功将中国第一颗人造地球卫星“东方红一号”送入预定轨道。卫星质量173 kg，长征一号三级运载火箭全长29.46 m，最大直径2.25 m，起飞质量81 500 kg。中国成为第五个可以独立发射卫星的国家。经过50多年的发展，长征系列运载火箭具备了发射高、中、低轨道卫星、载人飞船的能力。2021年10月14日，中国采用长征二号丁运载火箭在太原卫星发射中心将“羲和号”太阳探测科学技术试验卫星发射升空。2022年7月24日，长征五号B遥三运载火箭将2300 kg的问天实验舱送入太空，组建中国的空间站。

小试牛刀

1. 查阅相关资料，利用反冲原理制作一个简易的火箭。

2. 从地球发射宇宙飞船进入太空会对地球的速度产生影响吗？请估算对地球运动产生的影响。

第 7 章

波动带来的美丽世界

第 1 节　美丽的水波

生活物理

你会玩打水漂儿这个游戏吗？打水漂儿就是在水边投掷石片或瓦片，使其在水面上掠过，激起一串水花。在水花激起的同时，水面会荡起一圈一圈的波纹，如图 7-1 所示，看上去像从中心向外移动一样。这是怎么形成的呢？

图 7-1　水的波纹

科学实验

在家中打一盆水，将一个小物件儿扔到水盆中的不同位置，观察水波有什么不同。物体落下的地方是水波的中心，也就是波源。

原来如此

水波是怎么形成的呢？这就要从机械振动和机械波谈起了。**机械振动**是指物体或质点在其平衡位置附近做有规律的往复运动。比如，上下的往复运动具有最高点和最低点，而平衡位置就是二者的中央。中央到最高点的距离称为**振幅**。

那么机械波又是怎么形成的呢？物理学中是这样表述的：机械振动在介质中的传播称为**机械波**。如果扔一颗石子到水中，石子落下位置的水会发生上下方向的机械振动，振动的过程中会带动周围的水跟着振动，进而向外扩散。

那一圈一圈的波纹又是怎么形成的呢？为了便于理解，我们可以想象一下，如果我们拿着一根很长的绳子的一端，用力上下摇晃，会发生什么呢？可以看见一个波形在绳子上传播，如果连续不断地进行周期性的上下抖动，就形成了绳波，如图 7-2 所示。

图 7-2　绳波

而水波的形成可以看作由中央散发出各个方向的无数条绳子，每根绳子的振动情况都是相同的，这样就形成了一圈一圈的同心圆状美丽波形。

思维拓展

质点的振动

在波的传播过程中，其中一个质点的运动是什么样的？我们以绳波为例，如果在绳子上任取一点系上红布条，可以发现，红布条只是在上下振动，并没有随波前进。

由此可见，在波传播时，介质中的每个质点都只围绕自己的平衡位置做简单的机械振动，机械波可以看作一种运动形式的传播，质点本身不会沿着波的传播方向移动。也就是说，从波源开始向外传递振动的形式，而没有发生相对位置的移动。一列波，后边的质点在学习前边质点的运动，但是又慢了一拍（见图 7-3）。

对质点运动方向的判定有很多方法，可以对比前一个质点的运动；还可以用“上坡下，下坡上”进行判定，即沿着波的传播方向，向上远离平衡位置的质点向下运动，向下远离平衡位置的质点向上运动。

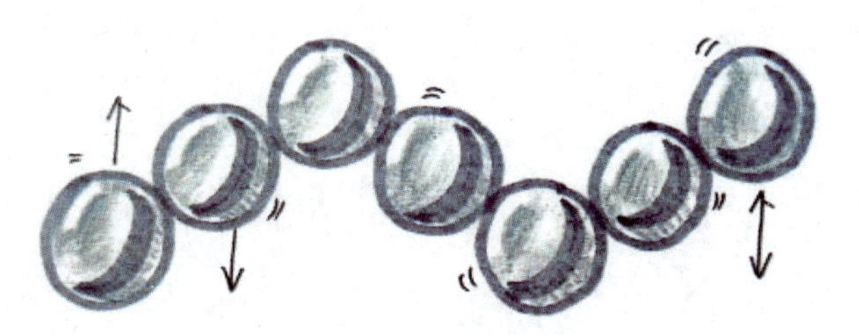

图 7-3　质点的振动与波

小试牛刀

声波也是一种机械波，但是跟绳波、水波又有很多不同。请查阅资料，寻找它们有哪些不同。图 7-4 中所描绘的声波状态是否正确呢？

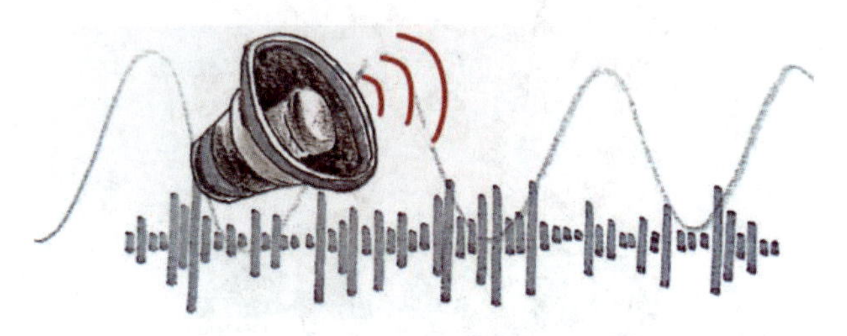

图 7-4　声波

第 2 节　地震带来的灾难为什么这么严重？

生活物理

据统计，全球每年发生 500 多万次地震。但是这些地震大多数并没有让我们感受到，并且只有极个别地震会对人们的生产生活产生恶劣的影响（见图 7-5）。那么到底什么样的地震才会对人类造成危害呢？

图 7-5　地震危害

原来如此

有的人可能会说，地震的级别越大，破坏力就越强。其实不能简单地这样概括。

机械波分为两种，像水波、绳波这样振动方向和传播方向垂直的波为**横波**；像声波这样振动方向和传播方向在同一直线上的波为**纵波**。那么地震波是横波还是纵波呢？其实地震波由震源发出，以扇形向上扩散，同时发出的既有横波，也有纵波（见图 7-6）。

图 7-6　地震波

地震震级是衡量地震本身大小的尺度，由地震所释放出来的能量大小决定。释放出的能量越大，则震级越大。而在相同的震级下，震源越浅，波及的面积范围越小，单位面积上产生的破坏能量就越大。地震波由横波和纵波组成，纵波传播速度快，会让地面上下振动；横波传播速度慢，会让地面水平振动。也就是地震来临时，我们先感受到上下振动，后感受到水平振动。如果发生上下振动的很长时间才发生水平振动，则说明地震震源比较深，那么产生的危害一般不大。

地震前的常见异常

许多动物的某些器官感觉特别灵敏，能比人类提前知道一些灾害事件的发生，如海洋中的水母能预报风暴，老鼠能事先躲避矿井崩塌或有害气体的侵入，等等。至于在视觉、听觉、触觉、振动觉、平衡觉器官中，哪些起了主要作用，哪些又起了辅助判断作用，不同的动物可能有所不同。

伴随地震而产生的物理、化学变化（振动，电、磁、气象、水氡含量异常等），往往能使一些动物的某种感觉器官受到刺激而发生异常的反应（见图 7-7）。例如，一个地区的重力发生变异，某些动物可能会通过它的平衡器官感觉到；发生异常振动，某些动物的听觉器官也许能够察觉出来。地震前，地下岩层早已在逐日缓慢活动，呈蠕动状态，而断层面之间又具有强大的摩擦力。于是有人认为在摩擦的断层面上会产生每秒振动几次至十多次的次声波。人类无法听到次声波，而一些动物则不然。动物在感受到这种声波时，会惊恐万分、狂躁不安，以致出现冬蛇出洞、鱼跃水面、猪牛跳圈、在浅海处见到深水鱼或陌生鱼群、鸡飞狗跳等异常现象。发生异常的动物种类很多，有牲畜、家禽、穴居动物、冬眠动物、鱼类等。

图 7-7　动物感知地震

小试牛刀

请你利用身边的物品，尝试模拟纵波，并观察纵波的特点。

提示：可以选择轻软弹簧，如图 7-8 所示。

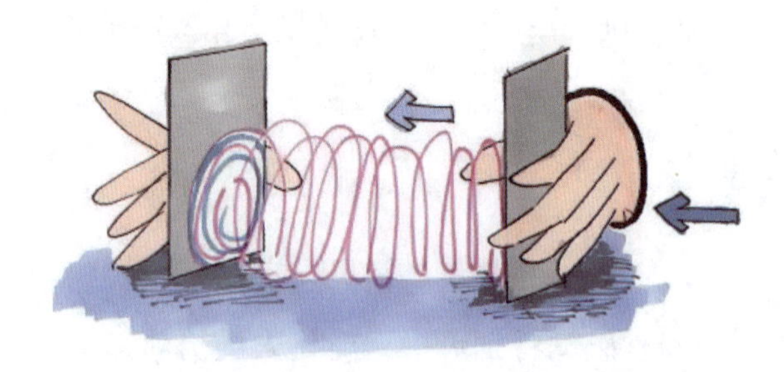

图 7-8　模拟纵波

第 3 节　如何利用超声波测速？

生活物理

很多人都会好奇，我们驾驶汽车行驶在公路上，交通警察是如何判断我们的车辆是否超速的呢？显然，交通警察有快速测量车辆瞬时速度的仪器，同时也有高清的摄像头来拍照记录，如图 7-9 所示。那么测量速度的仪器到底是如何设计出来的呢？

图 7-9　测速和摄像装置

科学实验

在城市火车道口旁边，注意倾听火车靠近时鸣笛声音的音调是如何变化的，火车远离时，鸣笛声音的音调又是如何变化的。

原来如此

要了解测速仪器的工作原理，不妨先重温一下我们生活中都曾有过的经历。当汽车疾驰而来时啸声尖锐，绝尘而去时笛声呜咽。这种音调的变化是声源运动的结果。发声体的振动使周围空气产生疏密相间的波，称为声波。开来的汽车能将声波的疏密间隔“压”得更紧，导致频率增高；离去的汽车却将声波的疏密间隔“拉”得更开，造成频率降低。于是我们便听到了高低不同的音调，这种现象称为**多普勒效应**，如图 7-10 所示。

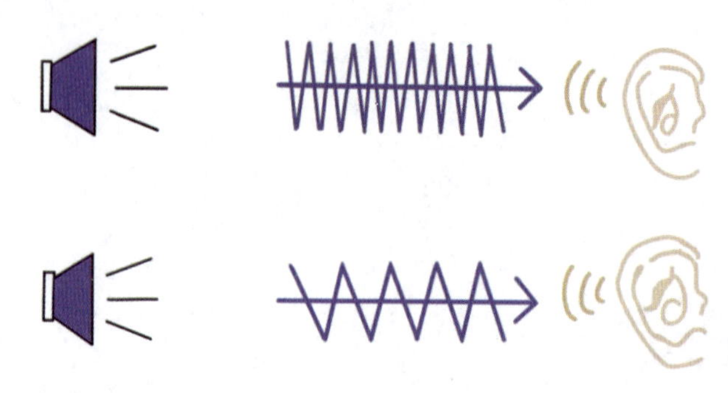

图 7-10　多普勒效应

多普勒效应产生的原因：声源完成一次全振动，向外发出一个波长的波。频率表示单位时间内完成的全振动的次数，因此波源的频率等于单位时间内波源发出的完全波的个数，而观察者听到的声音的音调，是由观察者接收的频率决定的。当波源和观察者有相对运动时，观察者接收的频率会改变。在单位时间内，当观察者靠近波源时，观察者接收的完全波的个数增多，接收的频率增大。同理，当观察者远离波源时，观察者接收的完全波的个数减少，接收的频率减小。

根据多普勒效应，向待测物体发出一个已知频率的超声波，检测其反射回来后频率的变化，就可以计算出物体速度。

思维拓展

光电门测速和频闪摄影测速

在物理实验室中，有没有富有科技感的测速手段呢？

1. 光电门测速

光电门是由一个小的聚光灯泡和一个光敏管组成的，聚光灯泡对准光敏管，光敏管前面有一个小孔可以接收光的照射。当两个光电门的任一个被挡光时，计时仪开始计时；当两个光电门中任一个被再次挡光时，计时终止。计时仪显示的是两次挡光之间的时间间隔。

那么如何利用光电门测量物体的速度呢？

在运动的物体上固定一个遮光板。当物体运动到光电门时，遮光板恰好可以挡住光，如图 7-11 所示。通过计时仪可以直接读出遮光板通过光电门的时间。

根据遮光板的宽度和测出的时间，就可以算出遮光板通过光电门的平均速度。当遮光板的宽度很小时，所测量通过光电门的时间非常短，此时计算出的速度为物体在光电门处的瞬时速度。

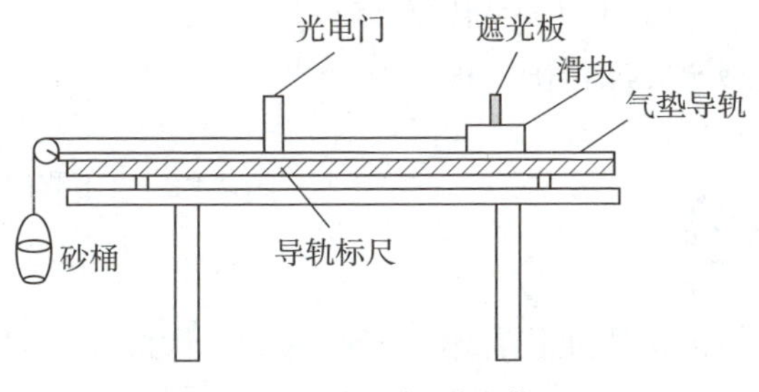

图 7-11　光电门测速装置

2. 频闪摄影测速

频闪摄影又称连闪摄影，是借助于电子闪光灯的连续闪光，在一个画面上记录动体的连续运动过程。这项技术的实现源于电子频闪灯的出现。电子频闪灯是一种新型的摄影照明灯具，当这种灯充足电后，可以像连发手枪一样，一次紧接一次地频繁闪光。高频电子频闪灯的闪光频率可以根据需要调节，闪光频率越高，底片曝光次数越多，在照片上出现的影像也越多。一般来说，这种灯每秒的闪光次数可达几十次甚至上百次。图 7-12 所示是频闪摄影下的舞者。用电子频闪灯拍摄一个动体时，画面上可以留下几十个重叠、错落有致的影像。这些以一定规律间隔产生的影像，可以给人一种节奏感强烈的视觉感受，使人感到新奇。这是因为这种将动体影像凝固在一张画面上的视觉效果，在平时仅凭肉眼是无法看到的。

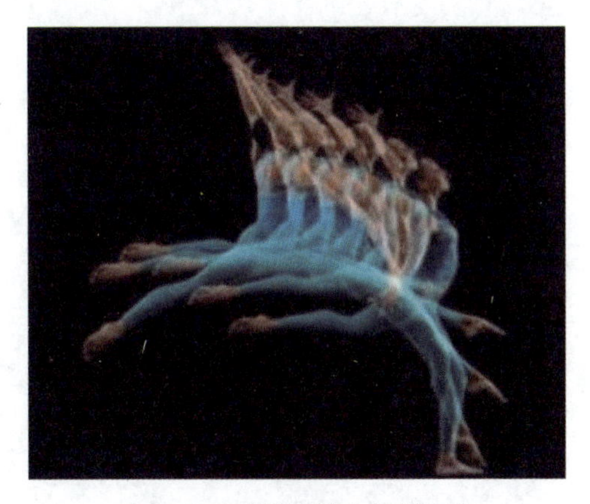

图 7-12　频闪摄影下的舞者

图 7-13 所示是一个自由落体小球的频闪摄影图。图中的时间间隔可以根据摄影机频率计算出来，小球位移可以用刻度尺测量出来。速度的计算方法与打

点计时器完全相同。与打点计时器不同的是，频闪摄影机的曝光频率最高可达 1000 Hz，通常也可以达到几百赫兹。也就是时间间隔最小可以达到 0.001 s，因此利用频闪摄影测速更加精确。

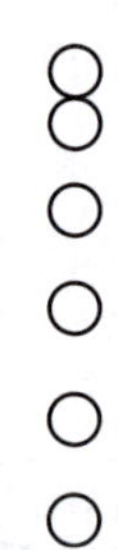

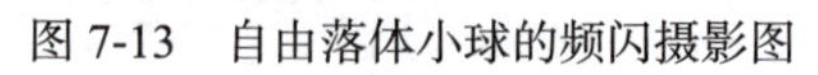
图 7-13 自由落体小球的频闪摄影图

小试牛刀

现在交警使用的雷达测速装置已经升级为利用微波（电磁波的一种）代替超声波来测速。请查阅相关资料，说说用微波的好处。

第 4 节　深海潜艇如何看清物体?

生活物理

潜艇是能够在水下运行的舰艇。潜艇在许多大国海军中扮演重要角色，其功能包括攻击敌人军舰或潜艇、近岸保护、突破封锁、侦察和掩护特种部队行动等。潜艇也被用于非军事用途，如海洋科学研究、抢救财物、勘探开采、科学侦测、设备维护、搜索援救、海底电缆维修、水下旅游观光、学术调查等。

我们在陆地上能够看到物体主要是因为有阳光，深海中没有阳光，深海潜艇是如何看清周围的物体以避免碰撞的呢（见图 7-14）?

图 7-14　深海中的物体

原来如此

大家是否爬过高山，是否站在两山之中疯狂地呐喊过？我们喊出声音后不久就会听到回声（见图 7-15），这是为什么呢？因为我们的声音向前传播，碰到其他的山体后被反射回来。声音从发出到被反射回来需要一段时间，于是我们就听到了回声。两山之间的距离越远，听到回声的间隔时间就越长，因为声音传递的距离变远了。也就是说，我们可以通过听到回声的时间来判断距离。

图 7-15　山中的回声

人们借鉴这个原理设计了声呐，以帮助潜艇探测周围环境。声波是潜艇观察和测量的重要手段。有趣的是，sound 一词作为名词是“声”的意思，作为动词就有“探测”的意思，可见声与探测关系之紧密。声音在水中传播的速度是定值且已知，声呐能够发出声波，也能够接收声波，根据二者时间差值就可以判断出所探测方向上的物体距离潜艇有多远，如图 7-16 所示。如果碰到障碍物后声波反射回来有一定的角度偏折，通过分析这个角度可以判断障碍物的形状。以上都是通过间接的方法进行测量的，运用了转换的思想。

图 7-16　声呐探测

中国的深海潜水器（见图 7-17）

图 7-17　蛟龙号与深海勇士

1. 蛟龙号

蛟龙号载人潜水器是中国首台自主设计、自主集成研制的作业型深海载人潜水器，设计最大下潜深度为 7000 m 级，是目前世界上下潜能力最强的作业型载人潜水器。蛟龙号可在占世界海洋面积 99.8% 的广阔海域中使用，对中国开发利用深海资源有着重要意义。

中国是继美国、法国、俄罗斯、日本之后世界上第五个掌握大深度载人深潜技术的国家。在全球载人潜水器中，蛟龙号属于第一梯队。蛟龙号问世时，全世界投入使用的各类载人潜水器约 90 艘，其中下潜深度超过 1000 m 的仅有 12 艘，能下潜更深的潜水器数量更少，拥有 6000 m 以上深度载人潜水器的国家包括中国、美国、日本、法国和俄罗斯。除中国外，其他四国的作业型载人潜水器最大工作深度达到 6527 m，为日本的深潜器。蛟龙号载人潜水器在西太平洋马里亚纳海沟成功下潜到 7020 m，创造了作业类载人潜水器新的世界纪录。

从 2009 年至 2012 年，蛟龙号接连取得 1000 m 级、3000 m 级、5000 m 级和 7000 m 级海试成功。蛟龙号载人潜水器集成技术逐渐走向成熟，中国深海潜水器成为海洋科学考察的前沿与制高点之一。2012 年 6 月 27 日 11 时 47 分，中国蛟龙号再次刷新“中国深度”——下潜 7062 m。截至 2018 年 11 月，蛟龙号已成功下潜 158 次。

2. 深海勇士

深海勇士号载人潜水器是中国第二台深海载人潜水器，它的作业能力达到水下 4500 m。潜水器取名“深海勇士”，寓意是希望它能像勇士一样探索深海的奥秘。

2018 年 3 月 11 日，中国自主研发的深海勇士号载人潜水器首次对公众开放。电视台播出了深海勇士号于 2017 年 8 月至 10 月在南海进行首次载人深潜试验的纪录片。2018 年 6 月 4 日，深海勇士号结束为期两个多月的南海试验性应用科考航次，返回三亚。2019 年 11 月 30 日，深海勇士号被评为第二届优秀海洋工程。2020 年 3 月 10 日上午，中科院探索一号船载着深海勇士号载人潜水器在三亚崖州湾科技城南山港码头启航。

2022 年 5 月 11 日，探索二号科考船搭载着深海勇士号返航，圆满完成 2022 年度深海原位科学实验站第一航段任务——深海原位实验室在南海冷泉区的海试任务。

深海勇士号的研发团队历经八年持续艰苦攻关，在蛟龙号研制与应用的基础上，进一步提升中国载人深潜核心技术及关键部件自主创新能力，降低运维成本，有力推动深海装备功能化、谱系化建设。深海勇士号的浮力材料、深海锂电池、机械手全是中国自己研制的，国产化达到 95% 以上。这不仅让潜水器的成本大大降低，也让国内很多生产和制造潜水器相关配件的厂商升级产品水平。

小试牛刀

若声音在海水中的传播速度是 1450 m/s，潜水器的航行速度为 72 km/h。潜水器向前进方向发出声音，经过 10 s 接收到信号，则接收信号时潜水器距离障碍物有多远？

参考文献

[1] 高博. 从填空边缘跳下 [N]. 科技日报，2012-10-17.

[2] 李永乐.《流浪地球》最硬科普（二）：引力弹弓效应是怎么回事 [EB/OL].（2021-12-12）[2023-01-06].https://www.163.com/dy/article/GQSA2RCF0552LNTP.html.

[3] 尹怀勤. 旅行者 1 号：首个进入星际空间的探测器 [J]. 太空探索，2017（9）：26-29.

[4] 朱翃，肖正强. 巩立姣夺冠 中国铅球奥运历史第一金 [EB/OL].（2021-08-01）[2023-01-06]. https://www.xinhuanet.com/sports/2021-08/01/c_1211270539.htm.

[5] 王丽莉，李一博，李明. 女子标枪决赛：刘诗颖夺冠 [EB/OL].（2021-08-06）[2023-01-06]. https://sports.xinhuanet.com/c/2021-08/06/c_1211321452_10.htm.

[6] 张仁和. 军事与奥运之铅球：铅制炮弹的演变 [EB/OL].（2008-08-06）[2023-01-06]. https://news.cctv.com/military/20080806/102681.shtml.

[7] 张仁和. 军事与奥运之标枪：曾经的远程兵器 [EB/OL].（2008-08-06）[2023-01-06]. https://news.cctv.com/military/20080806/102696.shtml.

[8] 邹菁，蒋波. “应该问我和 C 罗谁厉害”卡洛斯机智回应与梅西比较 [EB/OL].（2018-08-06）[2023-01-06]. https://tv.cctv.com/2018/08/08/ARTIZodXNUpBWFKbnarwkeRv180808.shtml.

[9] 普朗特，奥斯瓦提奇，维格哈特. 流体力学概论 [M]. 郭永怀，陆士嘉，译. 北京：科学出版社，2016.

[10] 钱睿斌. 热身赛 - 邓卓翔诡异弧线建奇功，国足客场 1 比 0 法国 [EB/OL].（2010-06-05）. http://sports.cntv.cn/20100605/100520.shtml.

[11] 任天堂. 德乙 - 佳一 60 秒 1 传 1 射扮救世主 科特 3-2 翻盘 [EB/OL].（2010-06-05）. https:sports.sohu.com/20100918/n275024463.shtml.

[12] 池梦蕊，鲍聪颖. 亚冠首战逼平菲律宾联城队 国安小将缺经验有朝气敢拼搏 [EB/OL].（2021-06-27）[2023-01-06]. http://bj.people.com.cn/n2/2021/0627/c14540-34796586.html.

[13] 谭艺君. “奥林匹克号”撞船事件与伯努利原理 [N/OL]. 漯河晚报，2020-10-13 [2023-01-06].http://wb.lhrb.com.cn/html/2020-10/13/content_90422.htm.

[14] 张建林. 天舟四号成功对接中国空间站 [EB/OL]. (2022-05-11) [2023-01-06]. http://www.xinhuanet.com/tech/20220511/31d89ec1f6174bad9679079d44ebb730/c.html.

[15] 乔辉. 出差半年，神舟十三号成功返回地面！一文快速扫光核心知识点 [EB/OL]. (2022-04-16) [2023-01-06]. https://new.qq.com/rain/a/20220416A02KBK00.

[16] 宋岩. 中国与联合国共邀各国参与中国空间站合作 [EB/OL]. (2018-05-29) [2023-01-06]. http://www.gov.cn/xinwen/2018-05/29/content_5294522.htm.

[17] 邢斯馨. 中国空间站首次太空授课活动取得圆满成功 [EB/OL]. (2021-12-09) [2023-01-06]. https://news.cctv.com/2021/12/09/ARTIYbr2LZbXkbAYZxm6TIvA211209.shtml.

[18] 刘亮，谢博韬. 中国空间站第二次太空授课圆满成功 [EB/OL]. (2022-03-23) [2023-01-06]. https://news.cctv.com/2022/03/23/ARTI55BVTwtjb8P4UeZBILLn220323.shtml.

[19] 梁晋，卢瑞霞. 永动机探索历史概述 [J]. 科学技术创新，2018 (7)：49-50.

[20] 汪志诚. 热力学统计物理 [M]. 北京：高等教育出版社，2008.

[21] 朱崇开. 亥姆霍兹与德国物理科学的兴起 [J]. 现代物理知识，2009，21 (6)：58-60.

[22] 李海. 中微子的发现历程 [J]. 物理教学，2013，35 (8)：76-78.

[23] 马周太. 物理学知识在中国的传播 [J]. 名作欣赏，2016 (11)：66-67.

[24] 陈杰生，曹诗，陈子泓，等. 高空坠物抛物案受害人多重伤，有抛物者被判刑 10 年 [EB/OL]. (2019-08-12) [2023-01-06]. https://www.163.com/dy/article/EMC0K5AV05129QAF.html.

[25] 张玉玲. 刑法修正案（十一）今起施行：抢夺公交车方向盘高空抛物入刑 [EB/OL]. (2021-03-01) [2023-01-06]. https://news.cctv.com/2021/03/01/ARTIjiRI8uqWr9FMi5sOhArt210301.shtml.

[27] PARK, JAMES L. High-speed video analysis of arrow behaviour during the power stroke of a recurve archery bow [J]. Proceedings of the Institution of Mechanical Engineers, Part P: Journal of Sports Engineering and Technology, 2013, 227(2): 128-136.

[28] 戚发轫. 毛泽东与东方红卫星 [J]. 中国航天，2000 (4)：3-4.

[29] 白孟宸. 中国航天大事记："东方红二号"成功发射 [EB/OL]. (2017-08-10) [2023-01-06]. https://www.163.com/war/article/CRFIT1H9000181KT.html.

[30] 王玉山，李清华，赵薇. 天宫一号成功发射 浩瀚太空迎来第一座中国宫 [EB/OL]. (2011-09-30) [2023-01-06]. http://www.gov.cn/jrzg/2011-09/30/content_1960306.htm.

[31] 任霄鹏. 世界首颗量子科学实验卫星发射成功 [EB/OL]. (2016-08-16) [2023-01-06].

https://www.cas.cn/tt/201608/t20160816_4571260.shtml.

[32] 任霄鹏. 全球首颗可持续发展科学卫星成功发射运行 [EB/OL].（2022-01-11）[2023-01-06]. https://www.cas.cn/jh/202201/t20220111_4821708.shtml.

[33] 赵洋. 水运仪象台 [J]. 自然科学博物馆研究，2018，3（3）：2.

[34] 屈求智. 4200 万年误差仅 1 秒！一起来见识一下世界上最“高冷”的钟 [EB/OL].（2019-12-09）[2023-01-06]. https://mp.weixin.qq.com/s?__biz=MzAwNTA5NTYxOA==&mid=2650874665&idx=4&sn=3269df48d4025a4d5c3f56b86b583a40&chksm=80d46a84b7a3e3929f83dae3154fd43e9bb043e80c3df90992e4be05e23b3ad5b0fdc5f51f23&scene=4&rd2werd=1#wechat_redirect.

[35] 李国利，王同心. 新一代高精度铷原子钟亮相：300 万年只有 1 秒误差 [EB/OL].（2017-11-06）[2023-01-06].http://news.cctv.com/2017/11/06/ARTIUA23FI38UInHF1tldlPv171106.shtml.

[36] 谷玥. 中国空间冷原子钟定时世界：3000 万年误差 1 秒 [EB/OL].（2016-09-24）[2023-01-06]. http://www.xinhuanet.com/politics/2016-09/24/c_129296975.htm.

[37] 郭辉. 国产第一块手表诞生记 [J]. 炎黄春秋，2021（5）：42-44.

[38] 马思草. “我终于戴上了我们自己生产的手表”：中国第一块手表诞生记 [J]. 党史文汇，1996（9）：26-27.

[39] 齐超，礼牧周. 76 公里时速列车对撞试验：司乘空间完整技术领先世界 [EB/OL].（2019-09-28）[2023-01-06].https://www.bjnews.com.cn/detail/156967992115318.html.

[40] 张紫曦. 吉林长春：世界首次 8 编组高铁碰撞试验取得成功 [EB/OL].（2021-03-05）[2023-01-06].https://news.cctv.com/2021/03/05/ARTIX1eVvBOvcN3YldGwZ3nk210305.shtml.

[41] 李唐，查春明. 我国第一艘航空母舰正式交付海军 [EB/OL].（2012-09-25）[2023-01-06]. http://www.gov.cn/jrzg/2012-09/25/content_2232694.htm.

[42] 林涛. 国产航母山东舰起降歼 -15 舰载机画面首次曝光 [EB/OL].（2019-12-17）[2023-01-06]. http://news.cctv.com/2019/12/17/ARTIYkIDIFf0taWfz1bsxzou191217.shtml.

[43] 龙志洲，王晓遐. 北京冬奥会短道速滑混合接力 中国队力压意大利夺冠 [EB/OL].（2022-02-05）[2023-01-06]. https://2022.cctv.com/2022/02/05/ARTIBuMvUkJPsrOQdl9d23jO220205.shtml.

[44] 李云海. 多级火箭的鼻祖：“火龙出水” [J]. 初中生世界，2002（32）：42-43.

[45] 刘亮，王敬东. 中国航天：飞向太空的壮丽征程 [EB/OL]. (2019-05-18) [2023-01-06]. http://news.cctv.com/2019/05/18/ARTIbyDTZU0PvJXXEPXAGfKt190518.shtml.

[46] 陈诗文，刘亮. “羲和号”发射成功！中国正式步入“探日”时代 [EB/OL]. (2021-10-15) [2023-01-06].https://news.cctv.com/2021/10/15/ARTIho0HePKQLfHbDRs1fVFy211015.shtml.

[47] 戴萌萌，刘亮. 问天实验舱发射任务取得圆满成功 [EB/OL]. (2022-07-24) [2023-01-06]. https://news.cctv.com/2022/07/24/ARTIp6atpm5kIcmI1wqE8xgC220724.shtml.

[48] 唐辉明. 工程地质学基础 [M]. 化学工业出版社，2007.

[49] 陆坤权，厚美瑛，姜泽辉，等. 以颗粒物理原理认识地震：地震成因、地震前兆和地震预测 [J]. 物理学报，2012，61 (11)：1-20.

"小试牛刀"参考答案

第 1 章

第 1 节

此次列车全程的平均速率约为 127km/h，宣化北站到张家口站的平均速率为 120 km/h，与最高速率 350 km/h 相比小很多，主要原因为列车到站停靠时有加速、减速过程，过程中速度减慢，不能保持 350 km/h 的速度。

第 2 节

汽车上坡有两种方式，第一种是冲坡，即提前加速，以获得很大的动能，在动能转化为重力势能过程中能有足够的能量；第二种是减速，运用最大功率创造出大的牵引力。

第 3 节

在一列匀速直线行驶的列车中，一个人坐在车上，或在车里走动，都可以以车为参考系考虑，其结果与以地面为参考系考虑相同。

第 2 章

第 1 节

月球上和地球上通用的测量质量的仪器为天平。

第 2 节

可以利用橡皮筋进行设计。其刻度可能不准确，但是可以利用生活中的物品进行粗略标定，如两个鸡蛋的重力为 1N 等。

第 3 节

大冰雹的降落速度可达 30m/s 或更大。冰雹高速下落，冲击力大，危害严重。冰雹灾害虽然是局部和短时的，但后果是严重的。

第 4 节

现象：凸面朝上，蛋壳没破；凹面朝上，蛋壳裂开。

结论：凸面朝上，受力均匀，蛋壳不破；凹面朝上，受力不均，蛋壳破裂。

第 5 节

用一根绳子系上物体，将物体拎离地面，置于空中。然后可利用尺子等工具沿着绳子在物体上画出直线。再将绳子系在物体的其他点上，重复操作，可得另一条直线，而两条直线的交点就是这个物体的重心。

第 3 章

第 1 节

拍打灰尘、锁头固定等都存在惯性。分析过程中应注意确定研究对象，说清楚研究对象的运动状态以及其如何保持运动状态不变。

第 2 节

可以采用弹性系数更大的橡皮筋来提供更大的弹力和弹性势能。

第 3 节

击打球的上端会让球向前翻滚，碰撞后平动速度交换，但是滚动速度依然存在，故继续向前滚动；击打球的下端会让球向后翻滚，碰撞后平动速度交换，但是滚动速度依然存在，故继续向后滚动。快速击打球的中端会让球向前平动，碰撞后平动速度交换，球没有滚动速度，故停止。

第 4 节

电梯加速下降，加速度向下，支持力小于重力，体重秤示数变小；电梯匀速下降，支持力等于重力，体重秤示数为实际体重；电梯减速下降，加速度向上，支持力大于重力，体重秤示数变大。

第 4 章

第 1 节

为了得到不同水平速度的小球，可以借助斜面让小球自由滑下，也可以借助弹簧来推动小球。小球落地所用时间用秒表测量比较困难，可以借助摄像机拍摄视频来完成时间的测量。

第 2 节

1. 投石工具的制作可以借鉴本节“科学实验”中介绍的投掷器，利用弹簧作为动力进行投掷。也可以借鉴现在的弹簧笔，利用弹簧制作一个带筒的投石工具。

2. 可以利用编程语言建立投篮模型，将空气阻力考虑在内，模拟篮球的运行轨迹，观察是否有明显变化。

第 3 节

1. 在台球中打出弧线球可以使用偏低杆和下杆角度。通过选择左低杆和右低杆可以控制弧的方向。通过调节击球的力度、下杆角度等可以控制弧的弯曲程度。最重要的还是亲自实践一下吧。

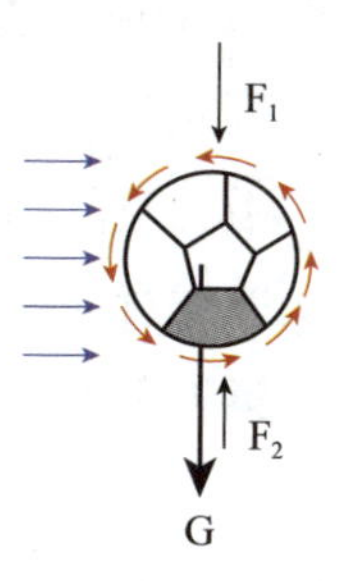

落叶球受力示意图

2. “香蕉球”的原理参照文中“原来如此”部分的受力分析，“落叶球”和“香蕉球”的不同之处在于旋转方式变成了竖直面的旋转。“电梯球”是球速太大、空气阻力太大造成的，和球速具有很大关系。

第 4 节

1. 荡秋千时最低端的速度最大，此时需要的向心力最多，绳子承受的拉力最大，断裂最容易发生在这个位置。

2. 可以设计一个旋转飞行器，依靠离心力来模拟重力。通过控制航天器的半径和旋转速度，调节人造重力加速度的大小。

第 5 节

坐在旋转的木板两端，如果正对着对方抛球，对方是无法接到球的，可以调节抛出的角度进行抛球。木板的旋转方向不同，调节的抛出角度也是不同的。

第 5 章

第 1 节

宇宙起源的几种观点：从无限小的奇点发生大爆炸；正反物质发生分离；永恒存在，没有创始和终结。查阅资料，发挥自己的想象力，发表自己的观点。

第 2 节

两个焦点逐渐靠近时，所画的椭圆越来越接近于圆，当两个焦点重合时，半长轴变成了圆的半径。

第 3 节

月球的向心加速度 $a=r\omega^2=4\pi^2r/T^2$，根据所给的月地距离以及月球公转周期可以算出月球的向心加速度。月球的向心加速度与自由落体加速度的比值，与方程右侧 R^2/r^2 基本相同，可以验证地球对树上苹果的吸引力与地球对月球的吸引力是同一种性质的力。

第 4 节

中国空间站每 90 min 左右即可绕地球一圈，每天可绕地球约 16 圈。当空间站从地球背面绕到正对太阳一面时便可以看到一次日出。

第 5 节

未来，随着太空探测及航天技术的发展，人类登陆火星或许成为可能，但是将面临物资运送难题、人员长期驻扎心理调节问题、火星大气和土壤改造问题等诸多挑战。

第 6 章

第 1 节

1. 一瓶 450 mL 的某可乐大约含有 950 kJ 的能量，假设人的重力为 500 N，一层楼的高度为 3 m，爬每层楼需要克服重力做功 1.5 kJ。这瓶可乐所含的能量相当于 633 层楼的重力势能。

2. 起床后以及午餐后，人的活动较多，消耗能量较大，因此要吃饱吃好，油脂量要高。而晚餐后不久就到了睡觉时间，不需要消耗太多能量，因此晚餐适宜清淡。

第 2 节

1. 物体在自由坠落过程中，初始具有重力势能，在下落过程中转化为动能。

2. 锥体虽然从支架较矮的一端滚到了支架较高的一端，但是由于较高的一端支架间距大，因此锥体的重心还是降低的。

第 3 节

1. 回力车内部有弹性金属片，用手向后拉时，将机械能转化为弹性势能，松手后，弹性势能转化为动能。

2. 射箭过程中，初始的弹性势能是固定的。同时搭两只箭会让每一支箭的动能减弱，两只箭的威力并不会更大。

第 4 节

保守力：重力、万有引力、电场力等。

非保守力：摩擦力、空气阻力等。

第 5 节

光动能手表通过太阳能晶片将光能转化为电能，给锂电池充电，进而转化为化学能。不需要人为定期充电，利用太阳能达到不断运行的目的。

电波手表可以通过无线电接收国家授时中心的准确时间，实现自动校准。

第 6 节

1. 验证动量守恒除了利用单摆实验，还可以使用气垫导轨配合光电计时装置进行验证。在气垫导轨上，阻力几乎为零。利用光电计时装置可以迅速测量滑块碰撞前后的速度。

2. 火车和自行车的速度相同，但是火车由于质量远大于自行车，因此具有较大的动能及动量。若被撞物体质量与一个人质量相同，那么与火车碰撞几乎不会对火车造成影响，但是被撞物体则会瞬间获得几乎与火车相同的速度；物体与自行车碰撞时对双方的影响都比较大，自行车速度会大幅度降低，被撞物体的速度会增加，但其比与火车碰撞的速度小得多。

第 7 节

1. 我们通过控制击打的时间及击打的力度，利用不同的冲量来改变网球和羽毛球的运动速度及方向。

2. 利用了动量守恒、动量定理、滚动摩擦、机械能与内能的转化及机械能的转移等原理。

第 8 节

1. 在射击之前，人和子弹在水平方向的总动量为零，射击后，子弹获得了向前的动量，则人必然会有一个向后的速度。射击过程中适当依托周围环境，获得一个支撑，可减小这种影响。

2. 烟花在空中爆炸的瞬间。

第 9 节

1. 用彩纸剪出一个小圆筒，在圆筒下面吹气，形成一个小火箭。也可以利用打气筒、塑料瓶、塞子、水制作一个水火箭。

2. 地球的质量约为 6×10^{24}kg，而一个宇宙飞船的质量与地球相比可以忽略不计，发射宇宙飞船时，飞船的动量并不会对地球产生可见的影响。

第 7 章

第 1 节

声波为纵波，振动方向和传播方向相同，故声波有疏部和密部，而不是波峰与波谷。

第 2 节

将轻软弹簧或者弹簧玩具横向放置，使一端振动，可看到整个弹簧发生纵波传送。

第 3 节

微波是电磁波，传播速度与光速相同。故利用微波测量，响应时间更短。

第 4 节

10 s 内，声音走了 14 500 m，潜水器前进了 200 m，故接收信号时与障碍物的距离为 $\frac{1}{2}(14\,500\ \text{m}+200\ \text{m})=7350\ \text{m}$。

后 记

这套书终于要和大家见面了！虽然它没有那么完美，但是我们仍然享受这份喜悦。在这里，首先要感谢为本书的编写提供科学原始素材的物理学专业研究者，我们只是在他们的基础上做了一件力所能及的事情。在编写体例上，我们借鉴了赵凯华和张维善先生合著的《新概念高中物理读本》的设计；在内容选择上，我们参阅了人民教育出版社、教育科学出版社等多家出版社出版发行的现行初、高中物理教材，在此一并致谢！在“科学中国”栏目中我们列入了中国物理学研究者和研究团队在物理学发展中的突出贡献。正因如此，我们才能将物理学与中国的现代科学相联系，让中学生体会中国对世界科学发展的贡献，提高中学生的民族自尊心与自豪感，更加凸显物理学科的育人价值。在此也一并对发布中国科技前沿动态的各大媒体表示衷心的感谢！

为了更好地增加本书的可读性、趣味性，书中插图大都设计为简笔画、漫画等手绘图片。绘图工作得以顺利完成必须感谢清华大学附属中学朝阳学校美术专业班的老师和同学们。参与绘画的同学有杜元熙、张紫暄、万欣桐、于纾灵、赵晓禾、俞佩卓、张珺然、杨艺菲、张诗佳、黄允聪、王艺潼、杨袭明、孙小艾、曾彩涵、何育莱、范书璟、赵浩年、林语清、曹睿然、赵瑞轩、吴姝晓、白栩凡、刘照君、葛晓唐、林思均、李怡娴。同时也衷心感谢美术专业教师傅博老师和孟翠东老师的专业指导。

本书的编写还要感谢敢于质疑和创新的中学生朋友，正是大家提出的各种各样的问题促使我们有动力完成本书。希望中学生朋友通过阅读本书走进物理世界，爱上物理。当然也欢迎大家继续提出新的问题，问题的提出是探索未知的又一个良好开端！

需要感谢的人太多，难免有遗漏，在此向所有帮助过我们的人表达我们的敬意！

在编写过程中，我们有过紧张、有过担忧，感到自身仍然存在一定的知识漏洞，语言贫乏无力，思维不甚严密。由于能力有限，书中难免有错误和疏漏之处，欢迎大家批评指正！

编者

2023 年 5 月于北京明德园